云南大学"一带一路"沿线国家综合数据库建设项目
中国周边外交研究省部共建协同创新中心　　联合推出

"一带一路"沿线国家综合数据库建设丛书 ｜ 林文勋 主编

企聚丝路
海外中国企业高质量发展调查
沙特阿拉伯

朱雄关 谭立力 等 著

Overseas Chinese Enterprise and
Employee Survey in B&R Countries
SAUDI ARABIA

中国社会科学出版社

图书在版编目（CIP）数据

企聚丝路：海外中国企业高质量发展调查．沙特阿拉伯／朱雄关等著．
—北京：中国社会科学出版社，2020.10
（"一带一路"沿线国家综合数据库建设丛书）
ISBN 978 – 7 – 5203 – 7092 – 9

Ⅰ.①企…　Ⅱ.①朱…　Ⅲ.①海外企业—企业发展—研究—中国
Ⅳ.①F279.247

中国版本图书馆 CIP 数据核字（2020）第 164082 号

出 版 人	赵剑英
责任编辑	马　明
责任校对	王福仓
责任印制	王　超

出　　版	中国社会科学出版社
社　　址	北京鼓楼西大街甲 158 号
邮　　编	100720
网　　址	http://www.csspw.cn
发 行 部	010 – 84083685
门 市 部	010 – 84029450
经　　销	新华书店及其他书店

印　　刷	北京明恒达印务有限公司
装　　订	廊坊市广阳区广增装订厂
版　　次	2020 年 10 月第 1 版
印　　次	2020 年 10 月第 1 次印刷

开　　本	710×1000　1/16
印　　张	15
字　　数	220 千字
定　　价	75.00 元

总　序

党的十八大以来，以习近平同志为核心的党中央准确把握时代发展大势和国内国际两个大局，以高瞻远瞩的视野和总揽全局的魄力，提出一系列富有中国特色、体现时代精神、引领人类社会进步的新理念新思想新战略。在全球化时代，从"人类命运共同体"的提出到"构建人类命运共同体"的理念写入联合国决议，中华民族为世界和平与发展贡献了中国智慧、中国方案和中国力量。2013年秋，习近平主席在访问哈萨克斯坦和印度尼西亚时先后提出共建"丝绸之路经济带"和"21世纪海上丝绸之路"的重大倡议。这是实现中华民族伟大复兴的重大举措，更是中国与"一带一路"沿线国家乃至世界打造政治互信、经济融合、文化包容的利益共同体、命运共同体和责任共同体的探索和实践。

大国之路，始于周边，周边国家是中国特色大国外交启航之地。党的十九大报告强调，中国要按照亲诚惠容理念和与邻为善、以邻为伴周边外交方针深化同周边国家关系，秉持正确义利观和真实亲诚理念加强同发展中国家团结合作。① 当前，"一带一路"倡议已从谋篇布局的"大写意"转入精耕细作的"工笔画"阶段，人类命运共同体建设开始结硕果。

---

① 习近平：《决胜全面建成小康社会　夺取新时代中国特色社会主义伟大胜利——在中国共产党第十九次全国代表大会上的报告》（2017年10月18日），人民出版社2017年版，第60页。

在推进"一带一路"建设中，云南具有肩挑"两洋"（太平洋和印度洋）、面向"三亚"（东南亚、南亚和西亚）的独特区位优势，是"一带一路"建设的重要节点。云南大学紧紧围绕"一带一路"倡议和习近平总书记对云南发展的"三个定位"，努力把学校建设成为立足于祖国西南边疆，面向南亚、东南亚的综合性、国际性、研究型一流大学。2017年9月，学校入选全国42所世界一流大学建设高校行列，校党委书记林文勋教授（时任校长）提出以"'一带一路'沿线国家综合数据库建设"作为学校哲学社会科学的重大项目之一。2018年3月，学校正式启动"'一带一路'沿线国家综合数据库建设"项目。

一是主动服务和融入国家发展战略。该项目旨在通过开展"一带一路"沿线国家中资企业与东道国员工综合调查，建成具有唯一性、创新性和实用性的"'一带一路'沿线国家综合调查数据库"和数据发布平台，形成一系列学术和决策咨询研究成果，更好地满足国家重大战略和周边外交等现实需求，全面服务于"一带一路"倡议和习近平总书记对云南发展的"三个定位"。

二是促进学校的一流大学建设。该项目的实施，有助于提升学校民族学、政治学、历史学、经济学、社会学等学科的建设和发展；调动学校非通用语（尤其是南亚、东南亚语种）的师生参与调查研究，提高非通用语人才队伍的科研能力和水平；撰写基于数据分析的决策咨询报告，推动学校新型智库建设；积极开展与对象国合作高校师生、中资企业当地员工的交流，促进学校国际合作与人文交流。

项目启动以来，学校在组织机构、项目经费、政策措施和人力资源等方面给予了全力保障。经过两年多的努力，汇聚众多师生辛勤汗水的第一波"海外中国企业与员工调查"顺利完成。该调查有如下特点：

一是群策群力，高度重视项目研究。学校成立以林文勋书记任组长，杨泽宇、张力、丁中涛、赵琦华、李晨阳副校长任副组长，各职能部门领导作为成员的项目领导小组。领导小组办公室设在社科处，由社科处处长任办公室主任，孔建勋任专职副主任，陈瑛、许庆红任技术骨干，聘请西南财经大学甘犁教授、北京大学邱泽奇教授、北京大学赵耀辉教授、北京大学翟崑教授为特聘专家，对项目筹备、调研与成果产出等各个环节做好协调和指导。

二是内外联合，汇聚各方力量推进。 在国别研究综合调查数据库建设上，我校专家拥有丰富的实践经验，曾依托国别研究综合调查获得多项与"一带一路"相关的国家社科基金重大招标项目和教育部重大攻关项目，为本项目调查研究奠定了基础。国际关系研究院·南亚东南亚研究院、经济学院、民族学与社会学学院、外国语学院、政府管理学院等学院、研究院在问卷调查、非通用语人才、国内外资料搜集等方面给予大力支持。同时，北京大学、中国社会科学院、西南财经大学、广西民族大学等相关单位的专家，中国驻各国使领馆经商处、中资企业协会、企业代表处以及诸多海外中央企业、地方国有企业和民营企业都提供了无私的支持与帮助。

三是勇于探索，创新海外调研模式。 调查前期，一些国内著名调查专家在接受咨询时指出，海外大型调查数据库建设在国内并不多见，而赴境外多国开展规模空前的综合调查更是一项艰巨的任务。一方面，在初期的筹备阶段，项目办面临着跨国调研质量控制、跨国数据网络回传、多语言问卷设计、多国货币度量统一以及多国教育体系和民族、宗教差异性等技术难题和现实问题；另一方面，在出国调查前后，众师生不仅面临对外联络、签证申请、实地调研等难题，还在调查期间遭遇地震、疟疾、恐怖袭击等突发事件的威胁。但是，项目组克服各种困难，创新跨国调研的管理和实践模式，参与调查的数百名师生经过两年多的踏实工作，顺利完成了这项兼具开源性、创新性和唯一性的调查任务。

四是注重质量，保障调查研究价值。 项目办对各国调研组进行了多轮培训，强调调查人员对在线调查操作系统、调查问卷内容以及调查访问技巧的熟练掌握；针对回传的数据，配备熟悉东道国语言或英语的后台质控人员，形成"调查前、调查中和调查后"三位一体的质量控制体系，确保海外调查数据真实可靠。数据搜集完成之后，各国调研组立即开展数据分析与研究，形成《企聚丝路：海外中国企业高质量发展调查》报告，真实展现海外中国企业经营与发展、融资与竞争、企业形象与企业社会责任履行状况等情况，以及东道国员工工作环境、就业与收入、对中国企业与中国国家形象的认知等丰富内容。整个调查凝聚了700多名国内外师生（其中300多名为云南大学师生）的智慧与汗水。

　　《企聚丝路：海外中国企业高质量发展调查》是"'一带一路'沿线国家综合数据库建设"的标志性成果之一。本项目首批由20个国别调研组组成，分为4个片区由专人负责协调，其中孔建勋负责东南亚片区，毕世鸿负责南亚片区，张永宏负责非洲片区，吴磊负责中东片区。20个国别调研组负责人分别为邹春萌（泰国）、毕世鸿（越南）、方芸（老挝）、孔建勋和何林（缅甸）、陈瑛（柬埔寨）、李涛（新加坡）、刘鹏（菲律宾）、杨晓强（印度尼西亚）、许庆红（马来西亚）、柳树（印度）、叶海林（巴基斯坦）、冯立冰（尼泊尔）、胡潇文（斯里兰卡）、邹应猛（孟加拉国）、刘学军（土耳其）、朱雄关（沙特阿拉伯）、李湘云（坦桑尼亚）、林泉喜（吉布提）、赵冬（南非）和张佳梅（肯尼亚）。国别调研组负责人同时也是各国别调查报告的封面署名作者。

　　今后，我们将继续推动"'一带一路'沿线国家综合数据库建设"不断向深度、广度和高度拓展，竭力将其打造成为国内外综合社会调查的知名品牌。项目实施以来，尽管项目办和各国调研组竭尽全力来完成调查和撰稿任务，但由于主、客观条件限制，疏漏、错误和遗憾之处在所难免，恳请专家和读者批评指正！

《"一带一路"沿线国家综合数据库
建设丛书》编委会
2020年3月

目　录

第一章

沙特阿拉伯宏观形势分析

本章以宏观的视角从政治、经济、投资环境与社会文化方面探讨当前沙特阿拉伯（下文简称"沙特"）形势对"2030愿景"（Vision 2030）的实施所带来的挑战与发展潜力。沙特阿拉伯"2030愿景"（Vision 2030）被多国誉为沙特史上最具影响的改革，由国王萨勒曼·本·阿卜杜勒·阿齐兹主导进行。为了让改革计划顺利实施，萨勒曼上台后，积极寻求区域合作、保障女性社会权利、鼓励海外企业直接投资，让本国经济发展摆脱地缘政治的不利影响，同时其在宗教与文化方面的改革也为"2030愿景"做出了铺垫。总体看，就经济结构而言，目前沙特仍然以石油经济为主，石油产业依然是国家的经济命脉，石油价格的波动直接牵动着沙特的经济发展与社会稳定。因此，吸引海外企业投资，大力发展采矿业、加工制造业、新能源开发等多种工业，加速国内经济转型、实现多元化发展是当前沙特最为紧迫的任务。

第一节 "2030愿景"实施以来的政治形势概述

2014年，美国页岩油产量增加及伊拉克、利比亚等国家冲突局势趋缓，全球原油产量逐渐恢复正常，导致该年原油价格崩盘，至年底下跌了将近 50%。由于沙特经济严重依赖石油红利，原油价格下跌不仅对沙特经济带来严重打击，更让该国难以支撑高福利制度。萨勒曼上台后，着手经济改革，提出沙特"2030 愿景"，增加非油气产业的投入，期望调整油气产业在沙特经济中的占比，以消减全球油气价格波动对其经济带来的巨大影响。此外，沙特逐渐赋予和保障女性更多的社会权益，改变以往相对封闭的社会模式。这对本国人民、外国游客、外国企业等在沙特的活动带来便利。沙特"2030"愿景的提出无疑为沙特政治、经济与文化的转型作出了完美的铺垫。

一　萨勒曼国王继任以来政治形势概述

沙特阿拉伯王国地处阿拉伯半岛，并位于亚、欧、非三大洲的交汇处，红海、波斯湾分别环抱于东西两侧。埃及、伊拉克、叙利亚、伊朗等国均与其相毗邻。沙特国土面积 225 万平方公里，海岸线长约 2437 公里。利雅得（Riyadh）是沙特首都，同时也是沙特面积最大的城市。

第二次世界大战后，民主化浪潮在中东地区蔓延，并造成影响巨大的冲击，多国通过不同形式的改革或革命走上民主共和之路，但是沙特王国却有所不同，直至今日其传统政教合一的君主制政体依旧存在且被维系着，并在相对稳定的政治氛围中达成王权的递相授受，对国家的政治、经济、社会以及现代化的发展带来推动作用。这种独特现象使沙特在阿拉伯世界、中东地区乃至东方世界"独树一帜"，成为为数不多的"绝对君主制国家"。

2015 年 1 月 23 日，沙特国王阿卜杜拉·本·阿卜杜勒 - 阿齐兹·阿勒沙特（Abdullah bin Abdulaziz Al Saud）去世，萨勒曼·本·阿卜杜勒 - 阿齐兹·阿勒沙特（Salman bin Abdulaziz Al Saud）即位成为沙特第七任国王。

萨勒曼国王在即位时已经 79 岁高龄。即位后，他改变了沙特王国传统的"兄终弟及"的权力继承模式，在上任三个月的时间里，便废黜了穆克林，将侄子穆罕默德·本·纳伊夫扶正为王储，同时任命自己的儿子穆罕默德·本·萨勒曼为副王储、第二副首相兼国防部长。2017 年，他再次废黜王储纳伊夫，改立自己的儿子穆罕默德·本·萨勒曼为王储。传统的权力分配被打破，这意味着沙特王国第一次将权力从兄弟间平辈间的横向继承转为了纵向，沙特国王将第一次从开国君主的儿辈传至孙辈手中。[①]

王储穆罕默德·本·萨勒曼（Mohammed bin Salman）在沙特的建设中尤为注重经济及社会发展，他旨在打造更为有活力的社会与经济。在这一实践中，一系列的改革举措涵盖了多个方面，譬如宗教、政治、社会、经济等，他做出取消沙特禁止女性驾驶这一具有里程碑意义的决定以来，其公众形象得到了极大提升。他还开启了反腐运动的第一阶段，并逮捕了十余名王室成员，以及数十名知名商人和公职人员，进行了前所未有的大力度反腐活动。这不仅对沙特王国的传统政治形成了极大的冲击力，同时也展现出自己在变革方面的成就以及沙特未来发展的大致走向。

沙特经济严重依赖石油出口，迫于国际油价下滑带来的财务压力，沙特于 2015 年 11 月 11 日首次向国际债市融资，更计划 5 年内逐步将债务比例提高到 GDP 的 50%。[②] 2016 年 4 月 25 日，沙特正式公布了"2030 愿景"，不仅将全球最大的石油公司沙特阿美国家石油公司私有化，更组建高达 2 万亿的主权财富基金，并在产业多元化和女性权利等领域大刀阔斧地改革。根据"2030 愿景"，到 2030 年，沙特私人部门占国内生产总值的比

---

① 马晓霖：《"萨勒曼新政"与沙特内政外交走向》，《西亚非洲》2018 年第 2 期。

② 张淼：《沙特启动史上最具野心的改革：将摆脱石油依赖，组建全球最大上市公司》，《端媒新闻》2016 年 4 月 26 日，https://theinitium.com/article/2016 0426-dailynews-Saudi-Arabia/。

例将从 40% 提升至 65%；国有产业、非石油产业的盈利将提升至 10000 亿里亚尔。穆罕默德王储（Mohammad Bin Salman Al Saud）更表示"石油产业是致命的诱惑，因为它阻碍了沙特各领域的发展"。① 由此可见，"2030 愿景"发布后，沙特将致力于发展非石油产业，改善沙特对油气产业的依赖，削减大额财政赤字的同时，解决产业结构单一造成的失业率较高等社会问题。

二 "2030 愿景"背景下的沙特阿拉伯

尽管沙特气候条件和自然环境总体不佳，然而其却拥有着丰富的石油和天然气储量，富足的油气资源导致沙特对能源产业产生严重的依赖性，石油为该国创造的价值在其国内生产总值、国家财政收入、外贸收入中分别约占 50%、70%、90%②。面对产业结构过于单一，经济发展长期主要以高油价及外部市场为根本的现状，沙特的经济社会发展面临着较大的挑战。尤其是近年来，在新能源产业迅速发展以及碳氢能源减排呼声日益高涨的情况下，几乎完全依赖石化产业的经济已较难得到持续发展。

2016 年 4 月，在穆罕默德王储的主导之下，沙特"2030 愿景"问世，作为沙特当前内外政策的行动指南，"2030 愿景"所设的基础路径为：对非油产业进行发展，从而达成经济方面的繁荣；对保守宗教信条加以弱化，从而使社会充满时代活力；对外交话语权进行强化，从而将国家的雄心展现出来。萨勒曼国王对此也提及了自己的看法，他指出自己的第一个目标就是让沙特在

---

① Abdulrahman I. Tarabzouni, "Mohammed bin Salman is bringing Silicon Valley-style disruption to Saudi Arabia", CNBC, March 7, 2018, https：//www. cnbc. com/ 2018/03/27/mohammed-bin-salmans-reforms-disrupting-saudi-arabia-status-quo-ex-google-exec. html.

② 《对外投资合作国别（地区）指南：沙特阿拉伯》（2018 年版），中国商务部网站（http：//www. mofcom. gov. cn/dl/gbdqzn/upload/shatealabo. pdf）。

各个方面都被全球视为成功的代表范例以及先行者，自己将和大家齐心协力，一起将其完成。萨勒曼国王在"2030 愿景"开篇中指出，这是一幅"为明日而努力且是有待成真的蓝图，是对全体国民理想的展现，同时也反映出了所有国民的能力"。他认为"所有成功的故事都是以美好的愿景为开头的，而要想实现愿景却需要以实力为根本"①。

沙特阿拉伯的"2030 愿景"明确提出沙特未来 15 年的发展目标，由三大支柱作为支撑。第一个支柱是"沙特在阿拉伯和伊斯兰世界的中心地位"。通过发扬阿拉伯民族认同和伊斯兰宗教认同，修复阿拉伯和伊斯兰文化遗迹，提升朝觐和伊斯兰文化研究相关的服务产业。第二个支柱是"发展成为全球投资强国，使公共投资基金成为世界最大的主权财富基金，鼓励大型企业向海外扩展"。长期以来，以沙特阿拉伯货币局外国控股公司为首的投资集团利用富余的石油收入进行海外投资，主要是发达国家与物价指数挂钩的稳健投资，以及相对成熟的西方房地产业，形成在一定时期内可持续发展的新食利经济。沙特将以强大的石油美元储备为基础，建立巨型主权财富基金，扩大对外投资，特别是与沙特先进的石化技术相关的产业，以推动经济发展，使收入来源多样化。第三个支柱是"成为连接亚洲、欧洲和非洲三大洲的国际枢纽、贸易中心和世界门户"。发挥年青一代的潜能，重点发展现代贸易方式和电子商务，成为区域性甚至全球的物流枢纽和金融枢纽。②

为了使"2030 愿景"目标得以达成，穆罕默德王储的关键措

① The Council of Economic Affairs and Development, "Vision2030", (2017), https: //vision2030. gov. sa/sites/default/files/report/Saudi_ Vision2030_ EN_ 2017. pdf.

② 吴彦：《沙特经济改革进入攻坚期》，《21 世纪经济报道》2018 年 1 月 6 日，http：//www. 21jingji. com/2018/1 - 6/1NMDEzNzlfMTQyMzA1Nw. html。

施是对政府开支的持续增加，着力发展和开拓经济多元化项目。如大力发展旅游产业，自 2018 年首季度末起，外国游客可以获得沙特所发放的旅游签证，旅游管理部门正对长时间被闲置的国家文物、古迹进行修缮，而且着手导游的培训以及旅游接待设施的建设。计划至 2020 年，旅游收入将上涨至 466 亿美元，而 2015 年的此数据则是 279 亿美元。与此同时，对沙特阿美石油公司寻求上市给予了极大的支持，倾力完成对全球最大的主权财富基金的建立，并允诺在五年以内使基础产品譬如水、电、油、气等价格市场化征收 5% 的增值税，致力于开辟财源，通过多个途径来使当前的财政状况有所好转。在社会生活方面，穆罕默德王储提出了诸多的改革策略和配套设施，譬如解除电影院禁令，增建及翻新博物馆、图书馆等公共设施。赋予女性更多社会权利，如准许公立学校女生参加体育活动，女性可以进入体育场观看比赛，准许女性驾驶机动车，使女性享有被选举以及选举的权利，在高级政府官员内纳入女性成员等。

为顺利落实"2030 愿景"，沙特政府通过了《国家转型计划》，把所有的目标细化成 2030 年之前必须完成的详细指标，而且已细分至政府各相关机构，同时还完成了对各绩效指标（KPI）的设立。分别提升了非油财政收入、公共资产规模、非油出口额、政府债务的 GDP 占比，使其分别从 1635 亿里亚尔变为 5300 亿里亚尔、从 3 万亿里亚尔变成 5 万亿里亚尔、从 1850 亿里亚尔变为 3300 亿里亚尔，从 7.7% 变为 30% 等。另外还提升了吸收利用外国直接投资的力度，使其从 300 亿里亚尔变为 700 亿里亚尔。

此外，为推动"2030 愿景"，萨勒曼国王和穆罕默德王储还积极寻求域内外合作。2017 年 5 月，美国总统唐纳德·特朗普将沙特作为其任内的第一个出访国后，萨勒曼国王不但亲自到机场欢迎特朗普总统来访，更拨款 2.57 亿里亚尔（约合 6800 万美元）组织了沙特王国前所未有的盛大隆重的接待活动，并签订

1100 亿美元军售协议大单。同时，国王父子频繁出访世界各主要大国，在稳定与西方尤其是美国关系的基础上，沙特的外交还出现了"向东看"的趋势，中国成为中东地区最大石油进口国，而沙特作为中东地区最大石油出口国，中沙贸易在阿拉伯国家对华贸易总额的占比高达 1/3。由于受中东局势和美国对沙政策调整变化等因素的影响，沙特还积极寻求与俄罗斯在中东地区的合作。2017 年 10 月，萨勒曼到访莫斯科，这是沙特阿拉伯第一位出访俄罗斯的国王，并向俄国购买 S400 防空系统，进一步扩大了双方的合作领域。

第二节　沙特阿拉伯经济形势分析

石油对沙特经济而言是把"双刃剑"。整体来说，沙特经济目前仍然严重依赖石油收入，其贡献了国内生产总值的 50% 左右。1990 年，海湾战争爆发使得原油价格增加了近一倍，但随后的大幅度下跌让沙特长期受低油价的打击，政府依靠撤出海外资产减少其负面影响。2014 年，沙特政府仍然依靠当年做法以自保。但以沙特目前的经济规模，撤资已无法缓解经济压力，甚至其外汇储备将可能在 5 年内耗尽。沙特劳动力以外籍劳工为主，不仅让外汇大量流失，更反映出国民经济缺乏动力，政府所实施的财政政策未达到预期效果。

一　沙特阿拉伯宏观经济评估

从 1932 年至今，在现代沙特建国以来近 90 年的时间里，沙特经历了从传统农业经济到朝觐经济，再到石油经济的巨大转变。多年来，沙特阿拉伯是全球最大的石油出口国，凭借其能源经济的快速发展，受到了全世界的关注，基本实现了从传统落后的农牧业经济向以石油工业为基础的现代经济结构的变化，成为世界上最富有的国家之一。

早期，朝觐经济朝觐经济在沙特经济中发挥着重要而关键的作用，特别是麦加地区。自 1924 年，沙特王室占领麦加，开始实行朝觐税，沙特朝觐税的收入受到来自大英帝国朝觐者数量的影响，1952 年废除此制度。1930 年至 1939 年上半年，沙特出口石油油轮首次出港后的数年间，尽管沙特有美国在石油经济上的预付款，朝觐经济仍然是该国自治经济的主要来源，甚至在"大萧条"时期以提高朝觐税作为自身渡过难关的重要手段。第二次世界大战的爆发使朝觐经济和新兴石油经济陷入困境，石油出口愈加困难。

二战结束前，沙特经济逐步衰退，各行业都相对落后，朝觐经济受全球经济"大萧条"和战争的影响很大，朝觐产业未能促进沙特相关行业的发展。此时，石油经济虽无法取代朝觐经济成为沙特阿拉伯经济的主要来源，但已经显现潜力。二战之后，在美国支持下的欧洲重建刺激了沙特石油工业的发展和石油生产能力的提高，巨大的石油美元收入使沙特不再需要将朝觐经济视为重要经济来源，故 1952 年废除了朝觐税。这也表明，石油经济已取代朝觐经济成为沙特的经济支柱延续至今。

自 20 世纪 70 年代以来，沙特逐渐恢复了石油主权，但仍与美国保持着特殊的政治和经济关系。总体来看，石油经济仍然是沙特的经济支柱，石油美元对非石油工业的发展也做出了重大贡献。在利用石油作为外交武器的同时，沙特政府也开始考虑实施经济多元化战略，为未来的后石油经济时代做准备。

近年来，朝觐相关产业已成为沙特经济增长最快的部门，雇用的人数是石油工业的四倍。2002 年，旅游业成为沙特资产负债表上的净正（net positive）产业。2007 年，麦加的宗教游客的数量达到 900 万，当年旅游业的净旅游收入达 600 亿美元。

沙特旅游业创造了 73.8 万个就业岗位，占全国就业岗位数的 8.6%[①]。

（一）沙特国内生产总值

在 20 世纪 80 年代末到 90 年代，沙特受到长期低油价的冲击。当时沙特经济规模仍然相对较小，主要依靠撤出海外资产和少量借债降低低油价的影响。然而，2014 年下半年，低油价周期对沙特经济的冲抵创历史新高。2014 年，沙特政府预算首次出现自 2009 年以来的赤字，2015 年预算赤字为 1222 亿美元[②]。由于海外资产总额仅有 6000 多亿美元，沙特一直在努力通过从海外撤资来解决危机，其方式与 80 年代和 90 年代完全相同。国际货币基金组织对沙特发出警告，如果继续强制生产将会在五年内耗尽其外汇储备[③]。因此，沙特必须认真考虑体制改革，进一步加快经济多元化步伐。

沙特政府利用巨额石油收入促进国家经济建设和发展，国民经济实力不断增强。1984 年，沙特国内生产总值约为 1090 亿美元，与中东和世界发展中国家相比处于较高水平。经过多年的谈判后，2005 年 12 月沙特阿拉伯终于加入了世界贸易组织并开始实施相对开放的自由经济政策。截至 2011 年底，沙特阿拉伯国内生产总值达 5768 亿美元，同比增长 6.8%，创历史新高[④]。沙特的石油储量巨大，这种资源禀赋导致沙特的产业结构明显扭曲，

---

① Peter North and Harvey Tripp, Culture Shock! A Survival Guide to Customs and Etiquette Saudi Arabia Tarrytown, 2009, New York: Marshall Cavendish Corporation, 2009, p. 170.

② Quantec, EIU, Country Risk Service: Saudi Arabia, December 2015, p. 12.

③ Ken Miyajima, An Empirical Investigation of Oil-Macro-Financial Linkages in Saudi Arabia, IMF Working Paper, February, 2016.

④ 《沙特 2011 年经济表现及 2012 年经济展望》，中国驻沙特阿拉伯王国大使馆经济商务参赞处（http://sa.mofcom.gov.cn/article/ztdy/201202/20120207963542.shtml）。

经济发展太过依赖外部市场和高油价。石油出口额占沙特国内生产总值的40%，占政府收入的80%，占外汇收入的90%以上①。

自2003年以来，沙特阿拉伯的经济急剧增长，国内生产总值迅速从2145.73亿美元增长到2011年的6532.19亿美元。2014年7月至今，国际原油价格一度下跌，从130美元/桶跌至30美元/桶以下。2015年至2017年，沙特国内生产总值持续下降，从2014年的7525亿美元下降至2017年的6842亿美元，2017年甚至出现负增长现象。沙特约有75%的政府预算来自石油销售，而国际油价的崩溃使其在2015年的预算赤字接近1000亿美元，占GDP总量的15%—20%。2016年，石油工业总值为1564.86亿美元，占GDP的24.47%②。

由于单一石油经济的制约，沙特的经济发展极不稳定，沙特政府为了减弱单一经济体制带来的风险，加快产业结构的调整和优化，积极开展引进利用外资，利用外商直接投资改善国内单一产业结构形势。从目前的格局来看，依靠石油和相关产业出口带来的沙特国内经济产值占很大比例。

沙特阿拉伯采取的发展战略在过去几年中展现出积极的表现，包括GDP增长，温和的通货膨胀和整体财政状况以及外部经常账户盈余。2003年至2018年，其间国内生产总值呈波动上升趋势，从2158.08亿美元增至7865.22亿美元。其中，第九个发展计划（2010—2014）增长迅速，国内生产总值（GDP）从5282.07亿美元增加到7563.50亿美元（表1-1）。

---

① Fahad Nazer, "Will US-Saudi 'Special Relationship' Last?", Al-Monitor, April 8, 2016, http：//www. agsiw. org/will-us-saudi-special-relationship-last/.

② 《对外投资合作国别（地区）指南：沙特阿拉伯》（2018年版），中国商务部网站（http：//www. mofcom. gov. cn/dl/gbdqzn/upload/shatealabo. pdf）。

表 1 - 1　　　　　　　沙特 2003—2018 年经济增长情况

年份	GDP（亿美元）	增速（%）
2003	2158. 08	—
2004	2587. 42	7. 96
2005	3284. 60	5. 57
2006	3769. 00	2. 79
2007	4159. 65	1. 85
2008	5197. 97	6. 25
2009	4290. 98	- 2. 06
2010	5282. 07	5. 04
2011	6712. 39	10. 00
2012	7359. 75	5. 41
2013	7466. 47	2. 70
2014	7563. 50	3. 65
2015	6542. 70	4. 11
2016	6449. 36	1. 67
2017	6885. 86	- 0. 74
2018	7865. 22	2. 43

资料来源：世界银行数据库（https：//data. worldbank. org. cn/）。

（二）沙特阿拉伯居民收入情况

研究表明，一个国家在吸收外商直接投资发展自身经济的过程中，三大产业呈现出一致的增长趋势[1]。发达国家进入新的发展时期之后，产业结构将会出现新变化，人均 GDP 呈现增长趋势，同时这种变化将直接影响产业结构，对市场需求和劳动力的需求将会提出新的要求。

---

[1]　Johnson，A.，"The Effects of FDI Inflows on Host Country Economic Growth"，CESIS Working Paper Series，Royal Institute of Technology，May 2006，pp. 58 - 68.

表 1 - 2   沙特 2003—2018 年人均 GDP 增长情况

年份	人均 GDP（美元）	人均 GDP 增长（%）
2003	9609.97	—
2004	11185.13	4.80
2005	13791.45	2.54
2006	15384.74	- 0.07
2007	16516.62	- 0.93
2008	20078.26	3.36
2009	16113.14	- 4.79
2010	19262.55	2.01
2011	23745.80	6.70
2012	25243.36	2.20
2013	24844.74	- 0.37
2014	24463.90	0.75
2015	20627.93	1.48
2016	19879.30	- 0.60
2017	20803.74	- 2.71
2018	23338.96	0.61

资料来源：世界银行数据库（https：//data.worldbank.org.cn/）。

总体而言，自 2003 年以后沙特的经济增长大幅攀升，按人均国内生产总值计算，沙特为世界排名靠前的发达国家。从人均 GDP 来看，2003—2018 年，人均国内生产总值由 9609.97 美元迅速增长到 23338.96 美元。2012 年，人均 GDP 为 25243.36 美元，达到最高值，但是 2012 年以来，人均 GDP 有所下降。从人均 GDP 的增速来看，增长速度不稳定，2011 年，人均 GDP 增速最高值 6.70%，2009 年，增速最低值为 - 4.79%，波动较大（见表 1 - 2）。

（三）沙特阿拉伯劳工结构

沙特阿拉伯的劳工就业模式逐渐从依赖外籍工人转变为"沙

特化"。根据沙特阿拉伯第七个发展计划（1999—2004），2002年，沙特劳工约为740万，平均年增长率约为0.9%。其中，沙特籍人为366万，占49.7%，外籍劳工370万，占50.3%。此外，沙特计划经济部所做的沙特经济远景计划研究表明，第七个五年计划内，即从1999年到2004年，沙特的劳动力将从317万增至399万，平均每年增长约4.69%，计划到2020年增长到826万。

劳动部门的分析表明，2017年沙特劳工总数已达到1190万，其中560万为沙特本地人，占总劳动力的47%。男性员工占到总就业人口的86%，女性仅有14%。全国范围内来看，服务行业就业人数最多，达350万，基础建设工程相关行业就业人数紧随其后，约240万人，农、渔业约50万人。预计到2030年，不同行业就业人数复合年增长率如下：农业2.4%，化工相关产业1.7%，管理人员1.4%。目前如何提高女性的就业人数以及增加本土劳工的占比仍是沙特劳工结构面临的主要问题[1]。

二 沙特阿拉伯财政与税收

（一）沙特阿拉伯财政收支情况

2007年之前，沙特阿拉伯的国内通货膨胀从未超过3%，但此后一直受到国内通货膨胀的困扰。2008年，沙特阿拉伯的年平均通货膨胀率为9.87%。2009—2011年该指标保持在5%左右，连续四年超过国际安全线3%的水平[2]。2014年以来，沙特阿拉伯财政赤字规模逐渐扩大，2014年、2015年和2016年的财政赤

---

[1] U. S. -Saudi Arabian Business Council, 2017 Industry Brief Workingin Saudi Arabia：ALabor Market Update，A/9/19，2017.

[2] 蒋传瑛：《中东剧变对变革中阿拉伯国家经济的影响》，《阿拉伯世界研究》2012年第6期。

字分别为 961 亿里亚尔、3867 亿里亚尔和 4054 亿里亚尔。2017年沙特财政收入比 2016 年增长 34%，达到 6960 亿里亚尔，财政赤字则低于此前两年。然而沙特 2020 年财政收入预计为 8330 亿里亚尔，低于 2019 年的预期值 9170 亿里亚尔。2020 年沙特财政赤字预计将从 2019 年的 1310 亿里亚尔升至 1870 亿里亚尔。沙财政部长称公共财政面临挑战依然存在，必须坚定不移地推进经济改革。财政部预测未来几年收入将保持 6% 的增长，到 2023 年达到收支平衡。①

（二）沙特阿拉伯财政政策

沙特阿拉伯一直主张实行市场经济，但事实上，政府过去对经济的干预仍然比较大，特别是政府通过价格控制在资源配置中发挥支配性作用。2015 年，随着经济和发展委员会的成立，提出了关于经济发展和政策的新思路。新的委员会是一个高级别的政府实体，通过引导所有利益相关者参与政府监督发展。该委员会的成立是为了监督和改善政府部门绩效，确保经济的可持续增长。

沙特阿拉伯紧缩的财政政策受到油价持续低迷的影响，政策的实施效果没有预期的好，反而导致国民经济增长缺乏动力，为此，沙特政府决定推出一系列经济刺激计划。2017 年 12 月，沙特内阁批准了 2018 年的预算，并把之前的"2020 年实现财政收支平衡"计划推迟到 2023 年②。沙特阿拉伯还通过发行政府债券为政府筹集资金。2015 年 7 月，沙特政府发行了 40 亿美元债券，8 月又向银行出售了 53 亿美元债券③。这是自 2007 年以来首次发

---

① 沙特预计 2020 年财政赤字将扩大，新华社，https：//baijiahao. baidu. com/s？ id = 1648978941141395446&wfr = spider&for = pc。

② 《民银智库国别报告之十八》，民银智库（http：//mini. eastday. com/bdmip/ 180329201114316. html）。

③ 《沙特 7 月外汇储备环比下降 0.5% 降幅趋缓》，中华人民共和国商务部（ht- tp：//www. mofcom. gov. cn/article/i/jyjl/k/201508/20150801095581. shtml？ agt = 15438）。

行政府债券，标志着沙特经济政策十年来做出的最大调整。

沙特阿拉伯的产业结构已从过度依赖石油经济扩展到新能源和采矿等多元化领域。沙特阿拉伯从 20 世纪 70 年代开始实施大规模经济多元化发展战略，其重点主要集中在发展能源密集型和资本密集型产业上。2013 年，沙特阿拉伯就将新能源作为经济多样化的长期发展方向，阿卜杜拉国王发布了沙特阿拉伯雄心勃勃的新能源发展计划，该计划旨在实现：到 2032 年，沙特阿拉伯成立 100 周年时，新能源发电量达到 54 千瓦（5.4 万兆瓦）。自 2014 年进入低油价周期以来，沙特阿拉伯缩减了一些项目的规模，并在 2016 年宣布将推迟新能源发电的目标到 2042 年①。

（三）沙特阿拉伯税收政策

2016 年，沙特阿拉伯发布的财务报告中详细说明了平衡国家财政的计划。首先是减少政府支出和公共补贴；其次是扩大税收来源以增加政府收入，对外籍员工及其家属逐年加税；最后是大力推动私营经济的发展。

沙特阿拉伯实行的是中央一级征税制度，唯一的现行税是企业所得税，并且这款税种只对非居民征税。沙特阿拉伯的主要税收：企业所得税，个人所得税和其他（社会保险税，预提税等）。2017 年 7 月 12 日，舒拉理事会（Shura Council，即议会）通过了《增值税法（草案）》，该法案规定了 2018 年 1 月 1 日开始征收税率为 5% 的增值税。

三　沙特阿拉伯贸易与国际收支

（一）沙特阿拉伯的国际收支

贸易和国际收支方面，经常账户赤字略有收缩。沙特阿拉

---

① Philippa Wilkinson, "Saudi Arabia Scales Back on Renewable", *Journal of Middle East Economic Digest*, March 2015, p. 7.

伯 2014 年之前的巨额经常账户盈余使其能够积累大量储备资产，但受到国际油价下跌的打击，财政和经常账户赤字以及外汇储备自 2015 年以来一直在下降。在低油价的影响之下，沙特阿拉伯的经常账户自 2015 年以来已从盈余转为赤字。2016 年经常账户赤字较 2015 年下降 58.0%，占 GDP 的 6.8%，比上年下降 1.9 个百分点。2017 年底，沙特阿拉伯外汇储备余额是 186158 百万里亚尔，同比下降 7.3%，但仍处于世界较高的水平①。

（二）沙特阿拉伯的经常项目

1933 年，沙特阿拉伯与美国加州美孚石油公司合作，公司在沙特阿拉伯进行石油勘探。1938 年，沙特阿拉伯发现了第一个商业油田，同年进行了石油开采。1939 年，完成了将油田连接到波斯湾港口的石油输出管道的建设。之后，沙特阿拉伯成为重要的石油出口国。沙特政府还设立了一个专门用于管理石油收入的基金，石油经济的收入巩固了政权，推进了现代化。但由于缺乏技术和资金，在二战前，沙特石油经济完全被美国控制。1933 年 5 月 31 日，沙特政府与美国的加州美孚石油公司（后改名为阿美石油公司）达成了一项特许权协议，仅以 "5 万美元的两笔信贷和 3 万美元的一笔赠款"② 将大规模石油勘探权租让给美国石油公司，之后又将沙特石油价格和生产的所有控制权交给了阿美石油公司。

20 世纪 40 年代，沙特政府开始尝试增加其与外国石油公司的石油生产份额。1950 年，沙特阿拉伯赢得了 "石油利润与阿美

---

① 《民银智库国别报告之十八》，民银智库（http://mini.eastday.com/bdmip/180329201114316.html）。

② ［苏联］尼·伊·普罗申：《沙特阿拉伯：历史与经济概况》，人民出版社1973 年版，第 146 页。

石油公司平分的胜利"①。1957 年，沙特政府与日本石油公司签署了石油勘探协议。根据协议，双方采用合营制，其中日本石油公司向沙特政府支付其56%的利润和20%的石油使用费②。在 60 年代，沙特阿拉伯和其他石油生产国组成了石油输出国组织，共同制定统一的石油政策，逐步控制石油价格和阿美石油的产量。70年代，沙特阿拉伯将石油勘探和石油资源国有化，政府通过收购公司股权，逐步收回了美国石油公司和其他合资企业的控制权。

沙特阿拉伯宣布计划投资 5000 亿美元（约合 3.3 万亿元人民币）建设一座超高科技新城。建设超级城市的计划是该国重塑国家经济的大型规划项目之一，也是凸显王国走向"后石油时代"的雄心壮志的一大进步。2010 年，沙特阿拉伯在阿卜杜拉国王城建立了原子能和可再生能源基地（KACARE），专注于可再生能源的开发，以寻找每年用于发电的数百万桶原油的替代品。沙特官方表示，该基地正在紧张施工中，一旦建成，它将包括 70 多个可以收集沙特阿拉伯的可再生能源数据的气象观测站和观测中心③。

（三）沙特阿拉伯的债券市场

沙特债券市场有三种形式：政府债券、公司债券和伊斯兰债券。这些债券可以通过沙特金融管理局与国内商业银行和其他金融机构进行交易和转让。

在全球伊斯兰债券市场上，沙特阿拉伯的伊斯兰债券发展相对迅速且前景可观。截至 2010 年，沙特阿拉伯占全球伊斯兰债券市场的 5.7%。后期由于国际油价下跌，伊斯兰债券曾被停止发

① 梁英明、马秀卿：《石油与沙特阿拉伯经济》，《世界经济》1979 年第10 期。

② 哈全安：《中东国家的现代化历程》，人民出版社 2006 年版，第 386 页。

③ 王琳琳：《沙特阿拉伯押宝可再生能源》，2013 年 8 月，人民网（http://www.eedu.org.cn/news/resource/energysources/201308/87661.html）。

行。随着全球伊斯兰债券市场的交易量飙升，2014 年，沙特阿拉
伯恢复伊斯兰债券的发行。沙特阿拉伯国家商业银行统计表明，
2014 年，沙特阿拉伯成为伊斯兰债券的第二大发行国，发行共 15
笔债券，发行总额达 121 亿美元①。

第三节　沙特阿拉伯产业发展和资源战略分析

　　"2030 愿景"提出的目标是使沙特成为阿拉伯与伊斯兰世界
心脏、全球性投资强国、亚欧非枢纽，实现经济多元化，摆脱对
石油的依赖。其中，摆脱石油依赖是沙特经济最为严峻的挑战。
沙特政府利用政策优势积极引进资本与技术，吸引外国直接投资
（FDI）。虽然沙特经济逐步往新能源和矿业等多样化领域拓展，
但从外资的引入方面可以看出沙特产业结构依旧极不平衡，主要
集中在石油产业上。近些年石油价格持续走低，传统上依靠石油
经济吸引外资投入的方式难以持续下去。因此，沙特政府提出的
"2030 愿景"，聚焦提振非石油经济，吸引、激励私营部门对政府
项目的投资，加速国内经济转型。

一　沙特阿拉伯产业结构分析

　　沙特经济过度依赖石化产业，经济结构单一，油气产业对 GDP
的贡献率超过 50%，致使国内宏观经济与政府财政政策极易受到国
际油价涨跌的影响。沙特从 20 世纪 70 年代起就致力于发展多元化
经济。第一、二、三产业结构与布局正发生明显改善，2016 年，沙

---

① John Nugee & Paola Subacchi, The Gulf Region: A new Hub of Global Financial Power, Journal of London: Chatham House, 2008, p. 75.

特三大产业占比分别为 2.70%、59.41%、37.89%①。产业结构从过度依赖石油经济向新能源和矿业等多样化领域拓展。

外国直接投资（FDI）往往被学者和投资者视为不发达国家发展经济的重要力量，同时也被视为产业单一发达国家发展的主要驱动力因素。二战结束以后，工业经济的进一步发展加大了对石油为主的能源需求，催生出石油经济，沙特凭借石油经济迅猛崛起。在经历了高速发展过程后，沙特单一的经济体系受到了严重冲击。20世纪70年代，沙特开始大规模推行经济多样化发展战略，战略重点主要放在发展能源密集和资本密集型工业方面。在继续发展石油经济的过程中沙特政府利用政策优势积极引进资本与技术，吸引外国直接投资，助推沙特产业结构调整。

从表1-3中可以看出，从2003年到2008年，沙特的FDI资金数量持续攀升，一跃上升为阿拉伯地区第二大对外资金吸引国。凭借政府政策优势，外资纷纷开拓市场，除在原有的石油产业经济体系中开展垂直一体化的产业链模式外，还积极开发房地产项目。同时在农业、金融、保险、通信与信息技术等领域开展投资活动。但到了2008年以后，沙特的FDI数量逐年降低，2015年FDI资金数量与2008年相差悬殊，对外引入外资的难度逐年增加。这一现象的根本原因在于沙特在同阿拉伯地区国家的竞争中逐渐失去政策与资源优势，近些年石油价格的持续走低，传统上依靠石油经济吸引外资投入的方式难以持续下去。②

---

① 《对接"一带一路"基建融资，伊斯兰债券发展潜力巨大》，http://finance.sina.com.cn/money/bond/research/2019-04-26/doc-ihvhiewr8395374.shtml，2019年4月16日。

② 夏先良：《放宽外资准入调整石油业态结构》，《国际贸易》2009年第8期。

表1-3 　　　　　2003—2015 年沙特 FDI 总额与三大产业分布情况

年份	FDI（亿美元）	FDI 投资产业比例		
		第一产业（%）	第二产业（%）	第三产业（%）
2003	159.3	0.2	74.5	25.3
2004	198.3	0.2	73.7	26.1
2005	201.6	0.2	71.3	28.5
2006	279.5	0.3	70.6	29.1
2007	321.2	0.3	70.0	29.7
2008	394.3	0.7	68.8	30.5
2009	355.5	0.9	68.1	31.0
2010	306.7	1.2	67.1	31.7
2011	258.1	1.3	66.6	32.1
2012	121.8	1.6	65.5	32.9
2013	92.9	1.8	64.5	33.7
2014	92.9	2.1	63.3	34.6
2015	80.1	2.3	62.5	35.2

资料来源：中华人民共和国驻沙特阿拉伯王国大使馆经济商务参赞处（http://sa. mofcom. gov. cn）。

从外资的引入方面可以看出沙特产业结构依旧极不平衡，主要集中在石油产业上，在农业利用与服务业投入上显示出不足。2003 年外国直接投资的 0.2% 用在农业方面，25.3% 用在服务产业，这一比例到了 2015 年 FDI 对沙特农业的投入上升为 2.3%，年均增长 80.1%；对服务产业的投入增加到 35.2%，年均增长 3%。虽然在总量上农业的外资利用比例最低，但是增速最快，服务产业也在有规律增长，而对石油产业的外国直接投资利用比重与资金数量均在降低。以上趋势表明在市场利益与政策的引导下，外国直接投资通过最低寻租成本作用开发沙特的空白市场。

产业结构转型重点发展领域。2016 年，为了加速国内经济转型，沙特内阁宣布批准了"2030愿景"计划，明确沙特政府一方面将聚焦提振非石油经济，吸引、激励私营部门对政府项目的投资。另一方面努力提高私营经济对GDP的贡献率（由40%提高到65%），非石油收入从435亿美元增长到2670亿美元①。这无疑给沙特国内的众多非油气产业发展带来了重大的机遇。根据沙特投资局预计，未来10年总投资将达7000亿美元，其中矿业、冶炼加工行业、新能源和基础设施建设将是未来发展的重点。沙特提出"2020国家转型规划"和"2030愿景"，着力发展非石油经济，努力寻求实现国内经济多元化。目前正值沙特经济转型的重要阶段，基础建设的高峰期，项目多，涉及领域广。中国的"一带一路"倡议与沙特"2030发展愿景"高度吻合，实现对接，将为两国扩大互利合作提供重要契机，前景广阔。

二 沙特阿拉伯资源战略分析

沙特阿拉伯王储穆罕默德·本·萨勒曼是沙特有史以来最年轻的王储，他提出了雄心勃勃的"2030愿景"计划，旨在推动发展油气和矿业、可再生能源、数字经济和物流等领域。转变沙特的石油依赖型经济，为沙特注入可持续发展的动力。根据"2030愿景"，沙特的发展目标是：成为阿拉伯与伊斯兰世界心脏、全球性投资强国、亚欧非枢纽，实现经济多元化，摆脱对石油的依赖。

"2030愿景"关于产业结构方面的规划：一是推进沙特阿美的转型和上市。沙特阿美在资本市场上市的计划很可能进一步得到落实，甚至提速。沙特阿美将由石油公司向综合性能源公司发

---

① Saudi Arabia Government, "Saudi Arabia's Version 2030", http://vision 2030. gov. sa/en.

展，天然气、炼油化工、技术装备、新能源等都是沙特阿美未来的发展方向，石油在其业务结构的占比将逐步降低。二是落实天然气产量翻番计划。沙特阿拉伯天然气剩余探明储量达 8.3 万亿立方米，居全球第六位，但年产量不到 1200 亿立方米，提升空间巨大。根据"2030 愿景"，预计 2030 年沙特阿拉伯天然气产量可达到 2300 亿立方米。三是重点发展炼油化工产业。沙特阿拉伯利用上游优势，扩大全产业链布局，"2030 愿景"提出新建能源城，将投资发展上下游及配套产业，更加注重下游高附加值产业的发展。四是推动油气行业特别是技术服务和装备制造本地化。"2030 愿景"提出继续实现油气行业本地化，特别是工业装备制造本地化。沙特阿拉伯政府计划提高沙特阿美在本国采购商品和服务的比例，并鼓励油服公司在沙特阿拉伯生产设备以提供就业，2030 年沙特阿拉伯油气行业本地化水平将从目前的 40% 提升至 75%。

吸引外资方面：近年来，沙特投资便利化程度显著提高，外国投资额成倍增长。2012 年阿拉伯国家共吸引外国直接投资 470 亿美元，同比增长 9.8%。其中沙特吸引外国直接投资最多，达 121 亿美元，占整个地区的 25.8%。截至 2014 年底，沙特吸引的外国直接投资存量已经从 2005 年的 1250 亿里亚尔（约合 333 亿美元）增至 7800 亿里亚尔（约合 2080 亿美元）。"一带一路"倡议实施以来，中国与"一带一路"沿线国家之间的投资联系也日趋紧密，主要体现为中国对"一带一路"沿线国家投资增长较快，而沿线国家对中国投资较少。2006—2015 年间，中国对沿线国家直接投资存量从 16 亿美元增长到 224 亿美元，年均增幅达 36%。截至 2015 年底，对沿线国家投资存量占中国同期对亚洲（不含港澳）投资存量的 20%。其中，沙特阿拉伯是"一带一路"沿线的第四大投资对象国。

在对外劳务合作方面，西亚很多国家由于产业结构、经济模式、劳动力基数小等原因造成国内劳动力匮乏，往往需要依赖外籍劳动力输入来满足国内对劳动力的需求。其中，沙特阿拉伯、伊拉克、土耳其、阿联酋是中国重要的劳务派遣国。2016 年，中国对沙特阿拉伯和土耳其劳务派遣分别达 29423 人和 12541 人，仅对两国劳务派遣就占到中国劳务输出的 8.5%，主要分布在建筑业、制造业和交通运输业。

第二章

沙特阿拉伯中资企业投资环境

本章主要关注沙特阿拉伯中资企业投资环境。首先介绍了沙特阿拉伯的自然和人文环境，包括地理位置、气候条件、自然资源、行政区划、人口分布、政治制度和社会文化七个方面。其次介绍了沙特阿拉伯的经济环境和市场机会，包括国内市场、基础设施、金融环境、经营成本和对外贸易五个方面。最后介绍了沙特阿拉伯对外贸易与外商投资的相关政策和法规，包括对外贸易、外商投资、税收、劳工、知识产权、商业纠纷、中国与沙特阿拉伯的双边协定和其他有关政策和法规。

第一节　自然条件与人文环境

地球上有三分之一的面积是沙漠，那里举目无垠、极尽荒凉，却有沙漠之国——沙特阿拉伯，那里的沙子像黄金般炫目，那里气候干燥，贮藏着运转世界的能源，那里历史悠久，有着独特的政治制度和社会文化。沙特阿拉伯不仅令人羡慕，它的神秘更是让人心向往之。沙特阿拉伯是怎样的一个国家？其自然条件如何？其人文环境真如我们了解的那样吗？

一 地理位置

沙特阿拉伯王国（Kingdom of Saudi Arabia），简称沙特，位于亚洲西南部的阿拉伯半岛，东濒波斯湾，西临红海，与约旦、伊拉克、科威特、阿拉伯联合酋长国、阿曼、也门等接壤，并经法赫德国王大桥与巴林相接，海岸线长 2437 公里，沙特位于东三时区。

沙特是阿拉伯半岛上最大的国家，其陆地面积占阿拉伯半岛总面积的 80%，领土面积居世界第 12 位。沙特阿拉伯的地形由西向东倾斜，其中大部分是高山。西部红海沿岸为狭长平原，西南边的希贾兹山脉海拔在 3000 米以上，山地以东地势逐渐下降。沙特有广大的沙漠地区，约占国土面积的一半，北部有大内夫得沙漠，南部有鲁卜哈利沙漠。

二 气候条件

沙特西部和北部为亚热带地中海气候，这些地区温和潮湿且土壤肥沃，其余大部地区均为热带沙漠气候，炎热干燥，夏季最高温度可达 50 多摄氏度。沙特年均降水量约 200 毫米。沙特还特有沙风这一自然现象，其风速快且变化无常。

三 自然资源

沙特阿拉伯自然资源丰富，种类齐全。在金属矿物方面，有金、铜、铁、锡、铝、锌等矿藏；在非金属矿物方面，有磷酸盐、大理石等矿藏。沙特的油气资源藏量极丰，主要集中在东部波斯湾沿岸陆上与近海。沙特的石油储量是世界第一，占全球总储量 26% 左右，[①] 其石油产品多出口到美、中、日、韩等国。沙特天

---

① 《对外投资合作国别（地区）指南——沙特阿拉伯》（2018 年版），中华人民共和国商务部对外投资和经济合作司"走出去"公共服务平台（http://fec. mofcom. gov. cn/article/gbdqzn）。

然气年产量 640 亿立方米，剩余可采储量 8.2 万亿立方米，占世界储量的 4%，居世界第四位。[①] 因为沙特丰富的油气资源，石油工业已经成为沙特经济的重要支柱，在国民经济中起着主导作用。

沙特阿拉伯通过能源使其工业多样化。其石油化工产业、矿业、钢铁制造业、建材工业、食品加工业、金属制造业等都得到了发展。沙特石油化工占制造业总产值的 35% 以上[②]，其重要性仅次于石油工业。

沙特是一个水资源极为稀缺的国家，水资源主要是地下水，总储量为 36 万亿立方米，因此淡化海水成为其最主要的用水来源。目前沙特阿拉伯已成为世界上最大的淡化海水生产国，其海水淡化量占世界总量的 21% 左右。在现有条件下，沙特开始大力发展其海水淡化业，沙特现有 30 个海水淡化厂，日产 300 万立方米淡化水，占全国饮用水的 46%[③]，为吸引民间投资海水淡化产业，沙特还成立了水务部，出台了相关政策法规。

四 行政区划

全国分为 13 个省：利雅得省、麦加省、麦地那省、东部省、卡西姆省、哈伊勒省、阿西尔省、巴哈省、塔布克省、北部边疆省、吉赞省、纳季兰省、焦夫省。省下设一级县和二级县，县下设一级乡和二级乡。沙特的首都利雅得位于沙特中部，是沙特的政治文化中心和政府机关所在地，吉达是沙特的第二大城市，红海的主要港口，中东地区最重要的金融、贸易中心之一。麦加是

---

① 《沙特阿拉伯概况》，中国交通地图网（http://www.tjjjw.org/world/shateal-abo.html）。

② 杨言洪：《沙特商务环境》，对外经济贸易大学出版社 2016 年版，第 22—46 页。

③ 《沙特阿拉伯概况》，中国交通地图网（http://www.tjjjw.org/world/shateal-abo.html）。

先知穆罕默德的诞生地，是伊斯兰教的第一圣地。塔伊夫是沙特的夏都。

五　人口分布

截至 2017 年，沙特阿拉伯人口约 3255 万人，其中沙特公民约占 62%。[①] 沙特人口分布十分不均，东西部沿海与内陆绿洲地区人口稠密，内陆大片沙漠地区几乎无人居住。沙特人多是阿拉伯人，也有一些来自周边国家的移民、亚裔人口和西方人。在沙特的华人华侨数量大致有 3 万—5 万，大多数是信奉伊斯兰教的维吾尔族和回族，少部分为汉族，其中部分华人已加入沙特国籍。

六　政治制度

沙特是政教合一的君主制国家，既无任何政党存在，也没有宪法，《古兰经》和《圣训》是国家立法和执法的依据。国家权力机构的组成主要包括：国王、王储、内阁、协商会议、地方政府。

国王是国家元首，还担任政府首相和国民卫队的指挥官，行使最高行政权和司法权，有权任命、解散或改组内阁，有权废立王储，解散协商会议，有权批准和否决内阁会议决议及与外国签订的条约、协议，据《治国基本法》规定：沙特阿拉伯王国由其缔造者阿卜杜勒阿齐兹·拉赫曼·费萨尔·阿勒沙特国王的子孙中的优秀者出任国王。[②]

沙特协商会议是立法机构和国家政治咨询机构，下设 13 个专

---

① Saudi Arabia, "The World Factbook", Central Intelligence Agency, https://www.cia.gov/library/publications/the-world-factbook/geos/sa.html.

② 《沙特阿拉伯概况》，2012 年 1 月 13 日，中国网（http://www.china.com.cn/international/txt/2012 - 01/13/content_ 24400471.htm）。

门委员会。委员会的功能在于针对本国的经济、文化、宗教、基建设施、医疗等方面开展工作。协商会议由主席和 150 名委员组成，由国王任命，任期 4 年，可连任。[①]

本届政府于 2015 年 4 月组成，随后进行几轮改组，目前共有阁员 38 人，主要成员是：国王兼首相萨勒曼·本·阿卜杜勒阿齐兹·阿勒沙特（Salman bin Abdulaziz Al Saud），王储兼副首相、国防大臣穆罕默德·本·萨勒曼·本·阿卜杜勒阿齐兹·阿勒沙特（Mohammed bin Salman bin Abdulaziz Al Saud），外交大臣费萨尔·本·法尔汗（Faisal bin Farhan），能源大臣阿卜杜勒阿齐兹·本·萨勒曼·本·阿卜杜勒阿齐兹·阿勒沙特（Abdulaziz bin Salman bin Abdulaziz Al Saud），财政大臣穆罕默德·本·阿卜杜拉·杰德安（Mohammed bin Abdullah Al – Jadaan），商务大臣马吉德·本·阿卜杜拉·卡斯比（Majid Bin Abdullah Al-Qasabi）。[②]

七 社会文化

阿拉伯语为沙特阿拉伯的官方语言，英语为通用语言。

沙特阿拉伯人信仰伊斯兰教，主要有两个教派：逊尼派和什叶派，其中逊尼派穆斯林占比高达 85%。在沙特有两个极其隆重的宗教节日：开斋节和宰牲节。每年斋月，除去病人、孕妇、哺乳期妇女和日出前踏上旅途的人外，信徒从日出到日落都不能饮水进食；在宰牲节，世界各地的穆斯林都会到圣城麦加和麦地那朝觐，场面十分盛大。

沙特民众长期以来遵循着伊斯兰教的传统习俗，例如：妇女

---

① 《沙特阿拉伯概况》，2012 年 1 月 13 日，中国网（http：//www. china. com. cn/international/txt/2012 – 01/13/content_ 24400471. htm）。

② 《沙特阿拉伯国家概况》，中华人民共和国外交部（https：//www. fmprc. gov. cn/web/gjhdq_ 676201/gj_ 676203/yz_ 676205/1206_ 676860/1206x0_ 676862/）。

不得接触陌生男子，外出必须蒙上面纱穿上黑袍，不得以面貌示人；青年男女的婚姻通常由父母决定。在沙特也有诸多禁忌，如：忌讳左手递送东西，这带有侮辱意味；禁止偶像崇拜、饮酒，不可随意拍照，禁食猪肉或外形丑陋不干净的食物。

沙特民众普遍衣着朴素，男人戴白色头巾，穿白色长袍，而具有一定社会地位的人，如王室成员等，则会在白色长袍外穿金色或黑色纱袍，以示身份不凡。

第二节　经济环境与市场机会

沙特阿拉伯作为中东最大的经济体和消费市场，其经济环境和市场机会不仅仅影响着其国内或区域内的政治、经济等领域，更是在世界范围内发挥着举足轻重的作用。沙特阿拉伯近年来的经济状况受其政局变化的影响，经济政策的转变与推行得到了较好的反响，基础设施的进一步改善和发展为经济大环境创造了更多有利条件，金融环境的部署和监控使得市场良性发展，市场机会也由此增多。总而言之，沙特的经济环境与市场机会的前景变得越来越广阔，随着中国"一带一路"倡议的推行，沙特与中国的经济往来和市场互动将愈来愈密切，其经济环境与市场机会对中沙合作是一个重要的衡量标准和发展契机。

一　国内市场

2013—2014 年，沙特经济保持稳定增长，经济增长率分别为 3.8% 和 3.6%。然而自 2014 年下半年石油价格暴跌以来，沙特经济增长速度明显放缓，2017 年出现负增长，经济增长率为 -0.9%。随着沙特政府动用外汇储备、在国内外市场发行债券、实施增收节支等政策，特别是 2017 年底国际油价回升以来，沙特经济逐渐触底反弹。2017 年，沙特国内生产总值约 6842 亿美元，其中投资、消费和出口各占 22%、52% 和 26%，第一产业、第二产业和第三产业比重分别为 2.7%、59.41% 和 37.89%。

沙特进口关税较低，平均关税为 5%。近年来，沙特对投资领域和投资比例的限制逐步减少，利润可自由兑换和汇出。通讯、交通、银行、保险及零售业已陆续对外国投资者开放。随着"2030 愿景"的推进，沙特将进一步对外资开放投资领域。世界银行发布的《2018 年营商环境报告》显示，沙特的营商便利程度在全球 190 个经济体中排名第 92 位，较去年上升 2 位。世界经济论坛发布的《2017—2018 年全球竞争力报告》显示，沙特在全球最具竞争力的 137 个国家和地区中排名第 30 位。

石油和石化工业是沙特的经济命脉，2017 年沙特石油石化产业生产总值占国内生产总值的 28%。近年来，沙特积极引进外国的先进技术设备，大力发展钢铁、炼铝、水泥、海水淡化、电力工业、农业和服务业等非石油产业，以改变依赖石油的单一经济结构。

沙特"2030 愿景"的总体目标是，到 2030 年，沙特跻身全球前 15 大经济体，将全球竞争力指数排名从第 52 名提升至前 10 名，将外国直接投资占 GDP 的比重从 3.8% 提高至 5.7%，将私营经济对 GDP 的贡献率从 40% 提升至 65%，将非油政府财政收入从 435 亿美元提高至 2667 亿美元。"2030 愿景"中提出，沙特政府将主要推动发展油气和矿业、可再生能源、数字经济和物流等产业。①

---

① 《对外投资合作国别（地区）指南——沙特阿拉伯》（2018 年版），中华人民共和国商务部对外投资和经济合作司"走出去"公共服务平台，（http://fec.mofcom.gov.cn/article/gbdqzn）。

二　基础设施

沙特负责基础设施建设的主要政府部门是交通运输部，其职责主要是路网设计、建造、维护，协调铁路等其他交通工具路面运输。在 2020 年召开的铁路论坛上，沙特运输大臣萨利赫·贾西尔（Saleh Jasser）披露说，在过去十年里，沙特已经在基础设施方面投资 4000 亿沙特里亚尔①，由此可见沙特阿拉伯希望将自身打造为连接三大洲的枢纽国家的决心。

沙特国内主要的运输方式是公路交通，在第一个五年规划时公路就被列为首要发展的领域。沙特道路总长 19.3 万公里，公路总里程为 5.5 万公里，其中主要公路 1.5 万公里，支线公路 30500 公里，二级公路 9500 公里。国际公路网与约旦、也门、科威特、卡塔尔、阿联酋、巴林等国相连接。②

沙特政府的相关部门尤其重视交通运输对于工业与经济的促进作用。在 2020 年铁路论坛上，沙特宣布全面建设高铁项目的计划，沙特投资总局计划从 2025—2030 年投资 2000 亿美元用于建设铁路，这对于沙特铁路网的完善具有极大的政策导向意义。③

此前沙特已拥有全长 590 公里的利雅得—达曼铁路，目前南北铁路也正处于建设中，全长 2400 公里。而由中国参与建设的麦—麦高铁（麦加至麦地那）全长 450.25 公里，设计时速最高

---

① 《2020 铁路论坛突出强调沙特阿拉伯王国交通运输部门的光明未来》，美通社，（https：//www. prnasia. com/story/271758 - 1. shtml）。

② 《对外投资合作国别（地区）指南——沙特阿拉伯》（2018 年版），中华人民共和国商务部对外投资和经济合作司"走出去"公共服务平台，（http：//fec. mofcom. gov. cn/article/gbdqzn）。

③ 《2020 铁路论坛突出强调沙特阿拉伯王国交通运输部门的光明未来》，美通社，（https：//www. prnasia. com/story/271758 - 1. shtml）。

可达 360 公里，途经吉达、拉比格、阿卜杜拉国王经济城，是中国企业与沙特等国企业以联合体形式参与建设的世界首条穿越沙漠地带的时速最高的双线电气化高速铁路。麦—麦高铁通车运营后，年客运量将突破 1500 万人次。[①]

沙特铁路公司（SAR）发布公告称，自 2011 年沙特开始铁路货运以来，累计共完成 4000 万余吨货运任务，仅 2018 年一年就完成 1000 多万吨，占总运量的四分之一。[②] 沙特铁路运量的加速发展凸显了铁路运输在当下的重要性，尤其是在未来政府大力推动物流和交通网络不断发展的趋势下，国家铁路网的完善也势在必行，铁路运输必将发挥出更大的作用，服务更多的商业部门以及国民的出行。

沙特境内管道主要用于输送陆地和海上石油及天然气，石油天然气化工产品以及淡化水等。因沙特工业本地化政策，未来管道运输领域产品本地化缺口较大，已有管道使用期限届满亟待更换，因此这方面产能需求较为强烈。

在空运方面，沙特有 27 个机场，其中 4 个国际机场、6 个地区机场、17 个本地机场，年运输旅客 1890 万人次，飞行 55895 航次，货物运输 38.2 万吨。[③]

在水运方面，沙特的各大港口共有 183 个泊位。总吞吐量达到 1.5 亿吨，其中进口货物 0.67 亿吨，出口货物 0.87 亿吨，占据了沙特进出口总额的 95%。集装箱每年装卸总量 200 万标箱，

---

① 《时速可达 360 公里的沙特麦加至麦地那高速铁路全面建成》，央广网，(http://china.cnr.cn/ygxw/20180915/t20180915_524361040.shtml)

② 《沙特铁路运输发展前景可观》，中华人民共和国驻沙特阿拉伯王国大使馆经济商务处，(http://sa.mofcom.gov.cn/article/jmxw/201901/20190102823900.shtml)。

③ 《对外投资合作国别（地区）指南——沙特阿拉伯》（2018 年版），中华人民共和国商务部对外投资和经济合作司"走出去"公共服务平台，(http://fec.mofcom.gov.cn/article/gbdqzn)。

访问沙特港口的船舶数量也达到 1200 次。沙特现有港口主要分布在红海沿岸和阿拉伯海湾沿岸，主要有西海岸——吉达港、吉赞港、延布港；东海岸——达曼港、朱拜勒港、拉斯坦努拉港以及在建的扎瓦尔港。① 近年来，沙特高度重视"蓝色经济"对本国的重要意义，在 2019 年举办的"2030 愿景和海洋可持续发展"会议上，沙特公共交通局表示未来将大力支持远洋运输业，以及国内航运事业的发展。沙特港务局将不断引进先进处理设备、简化装卸程序，旨在提高基础设施一体化和运行效率，不断提高沙特港口服务现代化水平。

在通信方面，沙特的通信行业主要包括：邮政、通信、互联网。其中沙特邮政公司（SPC）是沙特邮政业务专业机构。沙特电信公司（STC）是沙特国有电信管理公司，此外沙特还有多家私营移动电话运营商，如 MOBILY、ZAIN、VIRGIN 等。在 2019 年沙特国家工业和物流发展大会上，沙特通信部与沙特电力公司等多家通信企业签署合作协议，计划投资 20 亿里亚尔，在境内开发 39 个通信工业化城市，包括建立光纤、无线网、5G 网络、物联网等。该协议旨在促进沙特工业化结构转型，在沙特打造世界领先的物流、通信平台，同时拉动就业，服务经济建设。② 与此同时，沙特将大力发展高速宽带等通信和信息技术基础设施，将其城乡覆盖率分别提高至 90% 和 66%。③

沙特电力公司的年电力销售为 2122.63 亿千瓦时，装机容量

① 《对外投资合作国别（地区）指南——沙特阿拉伯》（2018 年版），中华人民共和国商务部对外投资和经济合作司"走出去"公共服务平台，（http：// fec. mofcom. gov. cn/article/gbdqzn）。

② 同上。

③ 《沙特"2030 愿景"，誓成为连接亚欧非三洲的全球中枢》，中国国际贸易促进委员会驻海湾代表处，http：//www. ccpit. org/Contents/Channel＿ 3920/2016/ 0509/641861/content＿ 641861. htm。

为 40858 兆瓦[①]，基本满足工农业生产和居民生活用电的需求。中资企业前往投资设厂无须自备发电设备。沙特积极参与海合会六国电网互联互通项目。2011 年，沙特与阿联酋之间实现了电网互联。此外，沙特还与埃及商讨两国间架设 3GW 输电线路，便于错峰用电。

沙特是一个水资源极度紧缺的国家，随着人口增长，供水形势日趋严峻，沙特政府计划在未来 10 年投资 660 亿美元用于供水建设。该十年计划包括在拉比格建设世界上最大的淡化水厂，该厂由萨林水淡化公司（SWCC）监管，预计每天可生产淡化水 60 万立方米。

三　金融环境

沙特的金融环境主要由其货币体系、金融机构、金融市场、金融监管等部分组成。

1952 年，沙特政府成立沙特货币总署作为国家中央银行。里亚尔是沙特的流通货币，沙特实行盯住美元的汇率制度，本币里亚尔和美元可以自由兑换，无外汇管制。

沙特于 1952 年开始创建本国的金融系统，沙特货币总署在美国的技术支持下成立并开始行使中央银行的职能。1953 年，沙特开始发行本国货币，并积极推动本国银行体系的建立。1953 年，沙特第一家银行——沙特国民商业银行成立，沙特开始拥有自己的货币和金融系统。1976 年，沙特银行业开始实行本土化战略。1996 年，沙特颁布了《银行管理法》，对沙特银行业务进行了规定，该法适用于国有银行和私营银行[②]。2003 年 6 月制定的《资

---

① 《对外投资合作国别（地区）指南——沙特阿拉伯》（2018 年版），中华人民共和国商务部对外投资和经济合作司"走出去"公共服务平台，（http：//fec. mofcom. gov. cn/article/gbdqzn）。

② 杨言洪：《沙特商务环境》，对外经济贸易大学出版社 2016 年版，第 141—148 页。

本市场法》允许在现行商业银行的框架外投资开办银行、金融公司。沙特银行业作为本国金融活动的主体，在政府政策的引导下，积极推进金融服务、调整信贷结构、加强风险管理，通过支持基础设施与重大项目建设，以满足中小企业资金需求，在促进沙特经济结构调整方面发挥重要作用。为了解决中小企业融资困难的问题，除设立国家基金之外，沙特政府还采取了一系列措施提高企业经营透明度，完善业务报告机制。沙特商业信贷局成立于 2009 年，旨在提高商业银行评估信贷风险的能力，鼓励银行增加贷款发放量。

沙特阿拉伯作为海湾地区规模最大的资本市场，其监管机构是沙特资本市场管理局（Capital Market Authority），该机构基于 2003 年出台的《资本市场法》组建，拥有独立的行政执法权，同时负责管理沙特证券交易所。近年来，为了吸引外国直接投资，沙特资本市场管理局陆续出台了多条新政策，一步步开放扩大资本市场。引入外国直接投资对当地投行的好处多种多样，比如增强流动性，提高效率、增强透明度。沙特外汇管理没有具体立法，但外汇市场主要由沙特货币总署调控。

货币总署是沙特国内货币发行和管理的核心，拥有以下多项功能：发行货币、从事政府银行活动、监管商业银行、管理外汇储备、管理沙特货币政策以稳定物价和汇率、鼓励金融体系发展并保障其健康发展和监管银行业与保险公司。沙特的市场是比较自由和开放的，但非海湾合作委员会成员国的外国投资者只可通过共同基金和"掉期协议"投资股市，当然，这些限制目前已经逐步放宽。

沙特金融市场融资方式比较多样，主要有：信贷、债券、股票。沙特本地商业银行可向本国一切投资项目提供信贷及融资支持，并向私营部门提供多种信贷，沙特本土商业银行依据市场条件发放相应贷款，外国投资者有权在本地市场获取信贷支持，同时沙特企业也可以从国外银行获取融资。沙特国内债券市场在融资方面发挥的作用相对局限，而股票市场较之更为乐观。

四 经营成本

2015 年下半年，沙特大幅提高了水、电、气价格，现价是：（1）电价：工业用电每千瓦时 0.048 美元；农业用电每千瓦时 0.026—0.043 美元；商业用电每千瓦时 0.043—0.08 美元；住宅用电根据月耗量每千瓦时 0.013—0.08 美元。（2）水价：对使用给排水服务的用户，每立方米水价为 2.4 美元，对仅使用给水服务的用户，每立方米水价 1.6 美元。（3）燃油价：加油站零售 95 号汽油每公升 0.24 美元；91 号汽油每公升 0.2 美元。（4）煤气价：沙特不供管道煤气，罐装液化气单价 4.8 美元。（5）工业用天然气单价为 0.75 美元/英国热力单位（BTU）。[1]

关于沙特劳务市场情况，沙特的总劳动人口中沙特籍占36%；非沙特籍占 64%，主要来自印度、巴基斯坦、孟加拉国、菲律宾、埃及等国家。劳动力行业分布中，建筑和运输业占31.2%；服务业占 29.3%；操作和技术人员占 15.5%；其他行业占 24%。沙特私营行业劳动力工资平均每小时 3.21 美元，沙特和其他国家一样，雇员收入随身份、职位以及工作经验而变化，同时沙特政府也实行外国劳工强制健康保险，当前沙特大力推行雇员本地化（沙特化）。据统计沙特私营部门月最低工资标准：沙特籍 1413 美元，非沙特籍 667 美元，目前沙特共有外籍劳工910 万人。[2]

---

① 《对外投资合作国别（地区）指南——沙特阿拉伯》，中华人民共和国商务部对外投资和经济合作司"走出去"公共服务平台（http：//fec. mofcom. gov. cn/article/gbdqzn），第 32—33 页。

② 同上书，第 33—34 页。

由于近年来沙特等中东国家为提高非油类产值收入而采取了相应的经济措施，导致国内通货膨胀率呈现逐步上升的趋势，用于工业或商业的土地和房屋租金也随之水涨船高，这进一步加剧了企业经营成本压力。除去政策因素，房屋建造成本增加，以及建筑材料、人工成本增长较快，导致新建成本的增加传导至租赁市场，也是近年沙特土地成本上升的关键因素。不过，近期沙特政府推出的经济和社会倡议以及立法已对该国的房屋和土地产业产生积极影响，政府对大型基础设施和大型项目的支出将进一步刺激整体市场，对所有关键行业产生积极影响。

五　对外贸易

沙特于 2005 年 12 月加入世界贸易组织，同时也是世界银行、国际货币基金组织、阿拉伯货币基金组织、海湾国家合作理事会、泛阿拉伯自由贸易区、伊斯兰会议组织经济贸易合作常务委员会、伊斯兰发展银行、石油输出国组织、亚投行等国际组织的成员。沙特与意大利、德国、比利时、中国、法国、马来西亚、奥地利和中国台湾等国家和地区签署了投资促进与保护协定。此外，沙特作为 GCC 成员，还与秘鲁、欧盟、新加坡、印度、黎巴嫩签署了自贸协定。

沙特实行自由贸易和低关税政策。2016 年沙特进出口总额 3238 亿美元，同比下降 14.4%。其中，沙特出口额 1836 亿美元，同比下降 9.8%；进口额 1402 亿美元，同比下降 19.8%。[①] 从货物贸易的商品结构来看，除石油外，聚乙烯、柠檬酸、氨水、甲醇、尿素和碳氢化合物等是沙特的主要出口商品，而沙特的进口主要是机械设备、食品、纺织等消费品和化工产品。2016 年，沙特前十大出口目的地依次为中国、日本、美国、印度、韩国、阿

---

① 杨言洪：《沙特商务环境》，对外经济贸易大学出版社 2016 年版，第 47 页。

联酋、新加坡、中国台湾、巴林和法国。沙特的前十大进口来源国依次为美国、中国、德国、阿联酋、日本、韩国、印度、法国、意大利和英国。2016 年中国是沙特最大的贸易伙伴，中国对沙特出口 187.5 亿美元，中国自沙特进口 236.1 亿美元。

沙特的市场辐射范围主要是海合会其他成员国，海合会截至目前已与新加坡和欧洲自由贸易联盟签署了自由贸易协定，其一体化进程将影响沙特对其他成员国的辐射程度。

中沙两国自 1990 年建立外交关系以来，双边经贸关系发展迅速。随着两国战略友好关系的提升，特别是 2016 年和 2017 年习近平主席和萨勒曼国王成功实现互访以来，双边经贸合作实现了快速发展。沙特已经成为中国在西亚和非洲地区最大的贸易伙伴国和最重要的海外原油供应国。2019 年中沙双边贸易额 780.38 亿美元，其中中国进口 541.82 亿美元，出口 238.56 亿美元，分别同比增长 23.21%、18.07% 和 37.76%。中国从沙特进口主要商品为原油、石化产品等，出口主要商品为机电产品、钢材、服装等。2019 年中国从沙特进口原油 8332.16 万吨，同比增长 46.87%。

第三节　对外贸易与外商投资的
政策和法规

近年来，随着中国企业的国际化水平不断提升，"走出去"步伐不断加快，中国与沙特阿拉伯的友好关系也持续向前发展。中国企业在沙特市场的经营取得了一定成效，但也存在着诸多问题，研究中国企业在海外的经营环境是一项十分迫切的任务。中国企业要进入沙特市场，研究沙特的对外贸易与外商投资的政策和法规是一项必备的基础性工作。本节将对沙特阿拉伯相关贸易和投资的政策法规进行梳理和介绍。

一　对外贸易的政策和法规

（一）沙特对外贸易政策概况

沙特阿拉伯秉承贸易自由化的原则，贸易政策相对简单，主要任务就是将单一化的产业向多元经济转变，在坚持发展石油、天然气产业的同时，推动下游相关产业的发展。由于本国缺少人才和技术支持，贸易结构的明显缺陷是严重依赖国际市场。沙特的关税政策较为宽松，贸易壁垒较少，某些特殊商品会实施免关税政策，如建材；某些商品实施高税率政策，如烟草。出于宗教和道德原因，沙特也禁止进口某些货物，如计生用品等（约占关税税目的1.2%）。① 为了更方便地在沙特进行营商活动，可以从沙特第十个发展计划所列出的经济发展目标中找到沙特所需行业，为中资企业指明方向。

沙特阿拉伯第十个发展计划（2015—2019）所指出的经济发展领域的目标包括：

- 加强纵向，横向和空间经济多样化；
- 促进向知识型经济的过渡；
- 扩大国民经济吸引和吸收投资的能力；
- 提高劳动力和资本的生产率；
- 增加自然资源的附加值，使来源多样化，同时确保可持续性，环境和野生生物保护；
- 发展中小企业，增加对经济和沙特化的贡献；
- 加强财政和货币稳定；
- 增加私营部门的贡献和生产力。

---

① US Department state，"2018 Investment Climate Statements：Saudi Arabia"，http：//www. state. gov/reports/2018 – investment-climate-statements/saudi-arabia.

（二）对外贸易主管部门

沙特阿拉伯工业和贸易部（MCI，以下简称工贸部）负责沙特日常贸易政策的制定与实施，以及与其他涉外的经济贸易机构进行对接，如WTO。沙特还成立了谈判小组，主要负责协调相关部门和机构，为解决贸易纠纷提供便利，其构成包括工贸部、财政部、经济和规划部、石油和矿产资源部、农业部、外交部和货币局。此外，沙特与贸易相关的机构还有商业投资部、海关、标准局和卫生部等。

沙特阿拉伯是世界贸易组织、国际货币基金组织和世界银行的成员，在地区内还是阿拉伯货币基金组织、海湾国家合作理事会、泛阿拉伯自由贸易区、伊斯兰会议组织经济贸易合作常务委员会、伊斯兰发展银行、石油输出国组织、亚投行等国际组织的成员。[①] 沙特未直接涉入WTO的任何争议，也从未进行过诉讼或采取任何应急措施。同时，沙特阿拉伯也积极发展与域外国家的贸易关系，并通过海湾阿拉伯国家合作委员会加入一些自贸协定，如海湾合作委员会—欧洲自由贸易联盟和海湾合作委员会—新加坡自由贸易协定等。

（三）对外贸易相关法规

沙特阿拉伯是海湾阿拉伯国家合作委员会（以下简称"海合会"）的成员之一，海合会制定的规则和决策程序亦适用于沙特阿拉伯。例如，共同对外关税、共同海关法、统一首次入境海关手续指南、反倾销、反补贴和保障措施等基本法律。其中《商业代理法》和《商业代理规定及实施细则》是沙特阿拉伯涉及对外贸易的两部最重要的法律。

《商业代理法》一方面确立了只有沙特国民或公司才能在沙

---

① 一带一路沿线国家法律风险防范指引系列丛书编委会：《一带一路沿线国家法律风险防范指引（沙特阿拉伯）》，经济科学出版社2015年版，第61页。

特境内分销外国产品的特权，另一方面通过确立商业代理制度，允许外国投资者指派当地代理商或者经销商代为销售。沙特允许外国投资者成立合资公司，或通过建设沙特自身拥有百分之百股权厂商的途径，在沙特境内涉足商品销售。

《商业代理规定及实施细则》规定：有意从事贸易活动的外国投资者，必须寻求代理人或经销商代理其在沙特的业务。贸易活动包括从国外进口商品到沙特零售和在沙特采购本地商品再零售，代理人须是沙特籍，代理协议须在沙特商工部登记。禁止其他方式的变相代理，即代理权直接或者间接被外国委托人掌控。尽管沙特本国法律并未明确禁止同时代理或多重代理的情形，但同一个外国委托人在沙特通常也只能获得一个合法注册的代理协议。[1] 在已获得的合法注册的代理协议所确立的代理关系没有解除之前，商工部不会为同一个外国委托人办理新登记注册代理协议。商工部根据《商业代理规定及实施细则》制定了代理协议的"协议样本"，并明确：外国委托人如要终止代理协议，在业务已经取得显著成效的情况下，应给予代理一定的补偿。[2] 此外，解除代理协议，需要获得原代理以书面方式出具的同意解除代理关系的文件，或者在代理协议期满后，由商工部依法进行解除。[3]《商业代理规定及实施细则》还对其他情况做出了一系列详细规定。

二　外商投资的政策和法规

（一）沙特外商投资政策概况

沙特阿拉伯为投资者提供了一个稳定且富有吸引力的投资

---

① 《对外投资合作国别（地区）指南—沙特阿拉伯（2018年版）》，中华人民共和国商务部对外投资和经济合作司"走出去"公共服务平台（http://fec.mofcom.gov.cn/article/gbdqzn/），第36页。

② 同上。

③ 同上书，第37页。

市场，重点鼓励投资者在石油、化工、冶金、水利电力、交通运输和知识产业领域的投资，并逐步放宽法律限制，投资环境也日益开放。在经历了连续多年的高经济增长之后，国际油价的持续低迷，迫使沙特政府开展了一系列社会经济改革。"2030 愿景"的制定与实施，目的在于改变沙特单一的经济结构，实现多元化发展，为沙特国民提供多渠道的就业机会，改善政府财政和服务。改革由沙特穆罕默德·本·萨勒曼王子牵头，旨在使沙特阿拉伯由传统的政府主导的经济增长模式转变为由私营部门驱动的模式。为此，沙特政府努力扩大和提升本国国民的知识基础、技术专长和商业竞争力，并且积极寻求外国投资来帮助本国达成这一目标。2017 年，沙特采取了一系列积极措施来改善沙特的投资环境，如将许多国有企业私有化，包括交通、教育、能源和医疗保健等，尽管步伐缓慢但在持续推进。此外，沙特政府还试图在全新领域吸引外国投资，包括可再生能源、娱乐和废物管理等。沙特政府还努力提高妇女在劳动力结构中的比重，2018 年颁布的皇家法令进一步消除妇女进入劳动力市场的障碍。

（二）外商投资主管部门

沙特投资总局（SAGIA）是处理沙特境内外投资事务的官方机构，主要职能是为投资者提供服务，改善投资环境，招商引资。

（三）外商投资限制

根据沙特 2017 年 12 月颁布的《禁止外商投资目录》,[①] 该"负面清单"包括 2 类制造行业和 11 类服务行业，明确禁止外商进入，具体为：

制造行业（2 个）：

（1）石油勘探，钻井和生产。除了涉及在国际产业分类代码

---

① Saudi Arabian General Investment Authority, "Service Manual", https://sagia. gov. sa/media/1056/sagia-investment-manual-english-new – 03. pdf.

（CPC5115＋883）上市的矿业部门的服务；

（2）制造军事装备，装置和制服。

服务行业（11 个）：

（1）军用物资服务；

（2）麦加、麦地那的安全和侦察服务；

（3）房地产投资；

（4）有关朝觐和小朝觐的旅游指导服务；

（5）招募服务；

（6）房地产经纪；

（7）印刷和出版；

（8）国际分类 621 项下的有偿商业代理服务；

（9）国际分类 93191 项下的助产，护士，理疗和药剂服务；

（10）渔业；

（11）毒物中心，血库检疫。

沙特于 2017 年 11 月发起反腐败运动。某著名沙特商人的被拘捕给外来投资者带来了恐慌，他们认为沙特的投资环境充满不确定性。由于改革要求提高非石油产业收入的比重，以及为沙特公民提供更多就业机会，种种压力迫使沙特政府加强了对外国投资者的限制，包括大幅增加商业签证费、设立新税收、上涨燃料价格、增加外籍工人的额外费用、规定更严格的劳动力配额以及更严格的本地化政策。此外，沙特政府已表示将对外国公司引入新的本土化要求，以刺激国内制造业，为沙特民众创造就业机会以及获取技术转让。

（四）外商投资相关法规

沙特阿拉伯涉及外商投资的法律主要有：《公司法》《外商投资法》《投资基金法》《房地产投资基金法》《保险法》《资本市场法》和《反洗钱法》等等。越来越完善的法律体系表明，沙特政府正在积极改变本国单一的经济结构，实现多元化经济，由传统的政府主导转变为由私营部门驱动。

《外商投资法》是沙特规范外国投资行为最主要的法律文件。该法于 2000 年 4 月 10 日公布，适用于沙特及外国个人、投资主体及其持有的外国资本。该法在内容上比较宽泛，总体上对外资采取较为宽松的政策，在投资许可、投资模式和违规处罚方面作了一些原则性的规定。2000 年 8 月 14 日，沙特政府颁布了《实施条例》以作为对《外商投资法》的补充，该条例主要包括十项内容，规定外资企业享有与沙特本国企业同等的优惠待遇、鼓励政策和保障措施等。

三 税收法规

（一）税收政策概况

沙特阿拉伯的税收制度相对简单，没有销售税、增值税和消费税，也没有工资个人所得税，[①] 与大多数国家相比，税率和税收较为优惠。至 2018 年 3 月，沙特阿拉伯已与 40 多个国家签订了避免双重征税协定。本国和外国公司实行差异化税收，并向有利于沙特本土公司和有沙特参与的合资企业倾斜，对外国企业则征收 20% 的企业所得税。沙特投资者不必支付企业所得税，但对净流动资产需缴纳 2.5% 的"zakat（宗教税）"。2017 年 6 月，沙特政府开始对卷烟（税率为 100%）、碳酸饮料（税率为 50%）和能量饮料（税率为 100%）征收消费税；2018 年 1 月，沙特政府以 5% 的税率开始征收增值税。[②]

（二）税收优惠

沙特允许公司在企业所得税方面无限期地转移损失，直至盈

---

① 《"一带一路"沿线国家税收征管竞争力比较》，2017 年 4 月 19 日，中国税务网（http：//www. ctax. org. cn/xsjl/201704/t20170419_ 1056762. shtml）。

② US Department state，"2018 Investment Climate Statements：Saudi Arabia"，http：//www. state. gov/reports/2018 - investment - climate - statements/saudi - arabia。

利，并且为境内六个特别地区的项目提供税收优惠，用于培训和招聘当地劳务人员。此外，对符合一定条件的工业项目给予一次性资本税收抵免，其中包括外国资本，但份额不超过总额的15%。[①] 其他方面的税收优惠有：

（1）给予沙特投资总局批准的制造业项目10年的免税期，其他经沙特投资总局批准的且沙特资本不少于25%的项目，可享受5年的免税期；

（2）政府批准项目所需进口的机械和原材料免除关税；

（3）股票证券投资所得免征收入所得税。

（三）主要税种

主要税种包括：宗教税、企业所得税、天然气投资税、预提税款等。纳税义务人为在沙特注册的企业，子公司不得与母公司合并纳税。工资、社会保险、养老保险、外国公司缴纳的代理费等可在税前扣除。

四 劳工法规

（一）劳工概况

沙特劳工部是劳动事务的主管部门，负责收集沙特国内达到合法就业年龄，并有求职意向的公民的身份信息，还收集有招聘意向的雇主信息，以及免费为公民提供就业信息，帮助劳动者找到合适的工作岗位。[②] 劳工部制定劳动政策，并与内政部一起规定外籍劳工的招聘和就业制度。沙特78%的就业岗位由外籍人士占有，外籍劳工大多在私营部门工作，最大的外国工人群体来自

---

① Saudi Arabian General Investment Authority, "Service Manual", https://sa-gia. gov. sa/media/1056/sagia-investment-manual-english-new-03. pdf.

② 一带一路沿线国家法律风险防范指引系列丛书编委会：《一带一路沿线国家法律风险防范指引（沙特阿拉伯）》，经济科学出版社2015年版，第120页。

孟加拉国、埃及、印度、巴基斯坦、菲律宾和也门。沙特人占据政府工作岗位的约 90%，但仅占沙特总就业岗位的 22%。逾三分之二的沙特国民受雇于公共部门。[1]

据沙特阿拉伯统计局数据，沙特总人口失业率为 5.8%，国民失业率为 12.8%（2017 年末数据）。沙特劳动参与率也较低，总体为 40.7%，其中只有 17.8% 为女性，沙特女性失业率为 32.7%。目前，大约 60% 的沙特人口未满 30 岁，这意味着未来几年，外来劳工在沙特劳务市场将面临严峻考验。[2]

（二）劳工政策

沙特政府通过"沙特化"政策来刺激本国国民的就业，这一政策不仅鼓励外资企业雇用沙特国民，同时也限制了外国公司可获得的外国工人签证数量。2011 年，劳动和社会发展部制定了一项名为"Nitaqat"（"沙特化"就业分级）的复杂计划，该计划根据企业规模把企业分为几个等级，每个等级的企业对沙特籍员工的就业情况进行不同的配额制定。2017 年沙特针对 Nitaqat 计划颁布调整措施，进一步完善该计划，以鼓励妇女、残疾人、管理和高工资收入岗位的沙特人就业。具体措施为：根据沙特员工数量的实际百分比，每家公司都被确定为四个阶层之一并以四种颜色区分，其中铂金和绿色阶层代表达到或超过其行业和规模的配额，黄色和红色阶层表示未达到或相差很多。红色和黄色公司的外籍员工可以在未经现有雇主批准的情况下自由迁往绿色或铂金公司，绿色和铂金公司在获得和续签外籍人员工作许可方面也拥有更大的特权。这一政策对促进沙特人的就业具有积极意义，但同时也加重了外资企业的负担。

---

① US Department state, "2018 Investment Climate Statements: Saudi Arabia", http://www.state.gov/reports/2018 – investment-climate-statements/saudi-arabia.

② Ibid. .

在过去几年中，沙特政府采取了一系列措施加强 Nitaqat 计划并持续扩大沙化的范围。劳动和社会发展部规定，特定经济部门的某些工作类别仅能雇用沙特国民，例如，从 2016 年开始，手机店、汽车租赁机构、商场的零售业务等被纳入仅能雇佣本国人的行业范围。还有些行业只有沙特妇女才能够从事，如与女性行业有关的零售工作，以及内衣和化妆品商店等。2017 年，劳动和社会发展部开始禁止外国人在 12 个零售行业就业，包括：手表、眼镜、医疗设备、电气和电子设备、汽车零部件、建筑材料、地毯、汽车和摩托车、家庭和办公室家具、儿童服装和男士配件、家庭厨具和糖果。由于上述行业的许多零售店都是由外籍人士拥有和经营的，因此该政策导致全国众多的商铺关门倒闭。许多主张 Nitaqat 政策的官员受到了社会批评，但政府却声称这些政策大大增加了过去几年在私营部门工作的沙特国民的比例。

2017 年，沙特劳工部和内政部采取继 2013 年之后的又一轮联合清查，以驱逐有非法和不正当记录的外籍工人。2018 年 1 月，沙特政府对外籍雇主采取了更严格的沙化措施，如将房租、电费翻倍；将汽油价格提高 80%；征收 5% 的全面增值税（VAT）；并向雇主收取他们雇用的每个外籍工人的月费；增加签证和出入境许可费等。这些措施大大增加了沙特外国雇主的用工成本和经营成本，促使许多外籍人士离开了沙特。

（三）《劳工法》

《劳工法》对沙特籍员工和非沙特籍员工分别做出了规定，外国投资者不论雇佣何籍员工都必须遵守该法律。该法旨在减缓沙特国内就业压力，用本国劳动力取代海外劳动力，促进本国就业。主要内容为：雇主必须与雇员签订劳动合同；工资必须每月足额汇入雇员的工资账户；每日工作不得超过 8 小时或者每周工作不得超过 48 小时；斋月期间穆斯林每天工作不得超过 6 小时或每周不超过 36 小时；雇主需承担外籍员工的签证更新、过期补办和往返费用，以及出入境的机票费用。①

　　沙特阿拉伯的劳工法禁止工会活动、罢工和集体谈判。然而，政府允许雇用100人以上的沙特企业组建"劳工委员会"。2015年，沙特政府发布了38项现行劳工法修正案，旨在扩大沙特员工的权益。家政工人不受最新劳工法的保护，有其单独行业规定。沙特政府不遵守国际劳工组织保护工人权利公约，但非沙特人有权就拖欠工资和其他问题向专业委员会提出上诉，一旦上诉成功其雇主即面临禁止招聘外国工人至少五年的判罚。②

五　知识产权法规

（一）知识产权法规概况

　　在过去的二十年中，沙特阿拉伯对其知识产权法（IPR）进行了全面修订，使其符合《WTO与贸易有关的知识产权协议》（TRIPs），也与世界知识产权组织（WIPO）的政策相协调适应。为了与TRIPs接轨和实现有效威慑侵犯知识产权的双重目标，沙特政府还更新了《商标法》（2002年）、《版权法》（2003年）和《专利法》（2004年）。这些法律为本国人及外国人所拥有的知识产权提供保护，任何自然人和法人，当其知识产权受到侵犯时，都可用法律维护自己的权益。

　　沙特政府重新组建了新的沙特知识产权局（SIPA），负责所有的知识产权事务。沙特知识产权局董事会已于2018年3月举行第一次会议，由商务和投资部长担任主席。沙特知识产权局的目标是确保沙特阿拉伯知识产权的统一和整合，下一步还将制定新

---

　　① 《对外投资合作国别（地区）指南—沙特阿拉伯（2018年版）》，中华人民共和国商务部对外投资和经济合作司"走出去"公共服务平台（http://fec. mofcom. gov. cn/article/gbdqzn/），第50页。

　　② US Department state，"2018 Investment Climate Statements：Saudi Arabia"，http：//www. state. gov/reports/2018 – investment-climate-statements/saudi-arabia.

的国家知识产权战略并负责监督实施。

（二）主管部门

负责知识产权事务的政府机构是：商工部（商标局）负责管理商标和保护商业机密信息；此外，阿卜杜勒阿齐兹国王科技城（KACST）（沙特专利局）负责管理专利、专业设计、集成电路布图设计和植物品种；文化和信息部负责管理版权相关；海关署负责边境板块；申诉委员会负责司法裁决。

（三）主要问题

虽然沙特政府近年来在知识产权执法方面取得了重大进展，但自 2017 年以来一些行业或部门的知识产权状况出现恶化。随着知识产权利益攸关方数量的增加，沙特阿拉伯于 2018 年 4 月被美国贸易代表办公室（USTR）列入"301 特别观察名单"。关于沙特知识产权情况的投诉，特别是有关药品、软件、数字和信号盗版以及假冒商品的投诉不断增多，为此沙特政府进行了严厉整治，对于生产的假冒伪劣产品予以查封和销毁，并对违法者处以最高 10 万里亚尔的罚款。

现行的《专利、集成电路布图设计、植物品种和工业品外观设计法》自 2004 年 9 月起生效。专利局将继续通过培训工作人员业务能力、简化专利申请流程、雇佣更多员工的方式减少专利挤压。根据 2004 年的相关法律规定，专利的保护期从 15 年增加到 20 年。2009 年 12 月，沙特阿拉伯部长理事会批准沙特阿拉伯加入 2000 年 6 月 1 日日内瓦外交会议通过的《知识产权所有者协会专利合作条约》及其实施条例，以及《专利法条约》，沙特知识产权保护正式与国际接轨。

沙特政府于 2003 年对《版权法》进行了修订，将对版权侵权者实施更加严厉的处罚。2010 年 1 月，沙特文化和信息部将第一起侵犯版权案件提交给委员会进行判决，但并没有严厉地要求违法者被判刑。现在沙特政府已加大处罚力度，将盗版印刷的材料和非法录制的音乐、视频从商店货架上下架，包括对出售盗版商品的商店进行反复、频繁的搜查。

六 商业纠纷

（一）商业纠纷的解决途径

解决商业纠纷的途径主要有三条：（1）请求驻沙特使馆经商处予以协调，驻沙特使馆经商处建立了贸易纠纷协调化解机制，程序为"接到投诉—初核—立案—协调—发函"；（2）请求仲裁机构予以仲裁，沙特商工总会设有商业仲裁中心，可提供帮助；（3）采取法律手段，可直接向当地法院提起诉讼。[①]

（二）相关法律

主要使用沙特当地法律，以伊斯兰教法为主，《古兰经》和《圣训》是其重要的法律渊源。任何与伊斯兰教法相违背的条款都将被禁止，如收取利息。[②] 适用的法律条约和情形主要有以下三个：

1. ICSID 公约和纽约公约

沙特阿拉伯王国于 1994 年批准了 1958 年《关于承认和执行外国仲裁裁决的纽约公约》，也是国际投资争端解决公约中心（ICSID）的成员国，但沙特阿拉伯还尚未将任何投资争议提交ICSID 解决。

2. 投资者与国家之间的争端解决

在沙特阿拉伯境内使用任何国际或国内争端解决机制来解决争端是非常耗时的，且结果通常充满不确定性。所有结果都需要

---

① 《对外投资合作国别（地区）指南—沙特阿拉伯（2018 年版)》，中华人民共和国商务部对外投资和经济合作司"走出去"公共服务平台（http：// fec. mofcom. gov. cn/article/gbdqzn/），第 57 页。

② 同上。

在沙特司法系统中进行最后审查，并且存在伊斯兰教法胜过有证据的事实判决的风险。因此，在投资之前应做足准备并询问法律人士，审查争议解决的法律选择和合同条款，确定合适的争端解决机制。

3. 国际商事仲裁和外国法院

传统上，在沙特阿拉伯，国际商事仲裁和外国法院裁决的执行已经被证明是耗时且无力的，伊斯兰教法原则有可能胜过任何外国判决或法律先例。即使在争议中做出决定，有效执行判决也需要很长时间，这样便会给投资者带来严重问题。例如，沙特的合作伙伴和债权人在执行判决过程中有权阻止外国人获得或使用出境签证的权利，迫使他们违背自己的意愿留在沙特阿拉伯。在涉嫌欺诈或债务的情况下，外国合伙人也可能被判入狱，以防止他们在等待警方调查或法院判决的时期离开沙特。在商业纠纷裁决之前，法院可以对个人财产实施预防性限制，尽管这种补救措施的作用微乎其微。

近年来，沙特政府一直致力于提高本国商业诉讼法律质量和建立更完善的争议解决机制。如2012年，沙特政府对沙特阿拉伯国内仲裁法做出更新，并于2016年成立沙特商业仲裁中心（SC-CA）。

七　其他相关法规

（一）腐败

沙特阿拉伯有相对全面的法律体系解决腐败。《反腐败法》和《公务员法》是沙特处理腐败问题的两部主要法律，规定了官员腐败案件的刑事处罚。犯有受贿罪的政府雇员将面临10年以下监禁或最高100万里亚尔（约为267000美元）的罚款，或二者并处。行贿人或参与人也将受到上述相同处罚。由皇室法令任命的部长和其他高级政府官员在其工作期间不得与其部门或组织进行商业活动。沙特《反腐败法》涵盖了大多数以谋取个人利益而进行的贿赂和滥用职权行为的惩治方法，但不包括私人之间的金钱交易行为。

2017 年 11 月 4 日，萨勒曼国王颁布了一项皇家法令，责令成立新的最高反腐败委员会。由此，最高反腐败委员会和国家反腐败委员会、检察官办公室以及控制和调查委员会一同成为沙特政府的主要反腐部门，他们有权调查涉及政府官员的犯罪活动和潜在案件，并将其提交行政法院。沙特政府随后拘捕了大约 200 名政府官员、商人和王室成员。

（二）环境保护

沙特负责环境保护的主要机构是沙特气象和环境保护总局（MEPA），此外还有生活城乡事务部负责管理环卫事务，卫生部负责管理卫生防疫事务。沙特涉及环保的主要法律为《环境法》和《环境法实施细则》。主要内容为：严厉处罚污染环境的行为，处罚包括清理污染物、没收由污染得到的收益、罚款、停业整顿和判处有期徒刑等。气象和环保部门可根据自己的判断，对任何违反环境标准的行为进行处罚。

八　中国与沙特阿拉伯签订的双边协定

自 1990 年双方建交以来，中国就非常重视发展与沙特友好稳定的双边关系，目前两国已建立战略性合作关系。沙特作为当今世界能源重镇，对中国的重要性日益凸显，其经营环境更加值得进一步研究。特别是进入新的历史时期，依托战略性友好关系不断深化，双边经贸合作实现了跨越式发展。双方签署的双边贸易协定如下：

表 2 - 1   1992 年—2016 年双边贸易协定汇总表

时间	双边协定
1992 年 11 月 5 日	《中华人民共和国政府与沙特阿拉伯王国政府经济、贸易、投资和技术合作协定》
1993 年 6 月 5 日和 11 月 24 日	《中国政府和沙特政府相互给予贸易最惠国待遇的换文》
1996 年 2 月 29 日	《中国政府与沙特政府相互鼓励和保护投资协定》
1998 年 10 月 16 日	《关于成立经贸合作四个工作组的谅解备忘录》
1999 年 11 月 1 日	《中国政府与沙特政府石油领域合作谅解备忘录》
2002 年 10 月 15 日	《中华人民共和国国家质量监督检验检疫总局和沙特阿拉伯王国商业部合作计划》
2003 年 1 月 17 日	《中国人民对外友好协会与沙特商工理事会关于成立中沙企业家混合委员会的谅解备忘录》
2004 年 4 月	签署沙特加入 WTO 双边市场准入协议
2004 年 7 月	《中国贸促会与海湾工商会联合会合作协议》和《中国与海合会成员国经济、贸易、投资和技术合作框架协议》
2006 年 1 月 23 日	《中华人民共和国政府与沙特阿拉伯王国政府关于石油、天然气、矿产领域开展合作的议定书》和《中沙关于对所得和财产避免双重征税和防止偷税漏税的协定》
2006 年 4 月 22 日	《中华人民共和国卫生部与沙特阿拉伯王国卫生部关于卫生合作的谅解备忘录》
2007 年 6 月 23 日	《中国商务部与沙特城乡事务部工程项目合作谅解备忘录》
2008 年 6 月 21 日	《中国政府与沙特政府关于加强基础设施建设领域合作的协定》
2009 年 2 月 10 日	《中华人民共和国政府与沙特阿拉伯王国政府关于石油、天然气、矿产领域开展合作的议定书的补充谅解备忘录》以及《中华人民共和国国家质量监督检验检疫总局和沙特阿拉伯王国卫生部口岸出入境人员卫生检疫谅解备忘录》和《中华人民共和国国家质量监督检验检疫总局和沙特阿拉伯标准局合作谅解备忘录》
2010 年 12 月 28 日	《中华人民共和国商业部与沙特阿拉伯王国商工部关于贸易救济合作的谅解备忘录》
2011 年 3 月 24 日	《中华人民共和国国家标准局与沙特标准局技术合作协议》
2016 年 1 月	《中华人民共和国与沙特阿拉伯王国政府关于共同推进丝绸之路经济带和 21 世纪海上丝绸之路以及开展产能合作的谅解备忘录》和《中华人民共和国商务部与沙特阿拉伯王国商工部关于产能合作的谅解备忘录》

　　所有这些协议为中沙两国间的合作提供了更加广阔的空间，对加强和促进两国经济关系和中国企业进入沙特经营起着积极的作用，同时也为中国企业在沙特的投资和经营提供了保障。①

---

① 《对外投资合作国别（地区）指南—沙特阿拉伯（2018 年版）》，中华人民共和国商务部对外投资和经济合作司"走出去"公共服务平台（http：// fec. mofcom. gov. cn/article/gbdqzn/），第 26 页。

第三章

沙特阿拉伯中资企业经营状况

本章将主要基于调研数据来分析沙特阿拉伯中资企业经营状况。首先梳理了中国对外投资合作的基本情况，然后重点介绍了中国对沙特阿拉伯投资合作的情况，并进一步立足调研数据和案例分析了沙特阿拉伯中资企业的生产经营现状。

第一节　中国对外投资合作概述

本节综合商务部发布的《中国对外直接投资统计公报》《中国对外承包工程发展报告》和《中国对外劳务合作发展报告》，对中国对外投资合作的基本情况进行了梳理。

一　中国对外直接投资概况

（一）中国对外直接投资综述

2017 年中国对外直接投资净额（以下简称流量）为 1582.9 亿美元，同比下降 19.3%；对外直接投资累计净额（以下简称存量）达 18090.4 亿美元。中国已在 189 个国家设立 3.92 万家对外直接投资企业，境外企业资产总额 6 万亿美元。

对外金融类直接投资流量逐年增长，2017 年达到 187.9 亿美元，同比增长 25.9%，其中对外货币金融服务类（原银行业）直接投资 135 亿美元，占 71.8%。

非金融类对外直接投资有所缩减，2017 年金额为 1395 亿美元，同比下降 23%；境外企业实现销售收入 20185 亿美元，同比增长 30.7%。2017 年末，对外非金融类直接投资存量 16062.5 亿美元，境外企业资产总额 3.54 万亿美元。

2017 年境外企业对投资国（地区）贡献巨大，共缴纳各种税金总额 376 亿美元，同比增长 35.5%；年末境外企业员工总数 339.3 万人，其中雇用海外员工 171 万人，占 50.4%，较上年末增加 36.7 万人。

（二）中国对外直接投资流量和存量

根据商务部统计数据，2017 年中国对外直接投资净额（流量）自有统计以来首次出现负增长，如表 3-1 所示，为 1582.9 亿美元，同比下降 19.3%，但仍是历史上第二高位，占全球比重连续两年超过一成。截至 2017 年底，中国 2.55 万家投资者已在 189 个国家和地区设立对外投资企业达 3.92 万家①，年末境外企业资产总额 6 万亿美元。对外直接投资累计净额（存量）达 18090.4 亿美元。2017 年，中国企业对外投资结构进一步优化，更加趋于理性和成熟，增速有所放缓。

1. 中国对外直接投资流量

（1）流量首次负增长。2017 年中国对外直接投资流量首次出现负增长，主要原因是中国经济由原来的高速发展转向高质量发展，同时加强市场审查，规范性进一步加强，所以中国企业对外投资增速放缓，结构有所优化，如图 3-1 所示。

---

① 对外直接投资的国家（地区）按境内投资者投资的首个目的地国家（地区）进行统计。

表3-1　　2002年—2017年中国对外直接投资流量与存量统计表

年份	流量			存量	
	金额 （亿美元）	全球位次	同比（%）	金额 （亿美元）	全球位次
2002	27.0	26	—	299.0	25
2003	28.5	21	5.6	332.0	25
2004	55.0	20	93.0	448.0	27
2005	122.6	17	122.9	572.0	24
2006	211.6	13	43.8	906.3	23
2007	265.1	17	25.3	1179.1	22
2008	559.1	12	110.9	1839.7	18
2009	565.3	5	1.1	2457.5	16
2010	688.1	5	21.7	3172.1	17
2011	746.5	6	8.5	4247.8	13
2012	878.0	3	17.6	5319.4	13
2013	1078.4	3	22.8	6604.8	11
2014	1231.2	3	14.2	8826.4	8
2015	1456.7	2	18.3	10978.6	8
2016	1961.5	2	34.7	13573.9	6
2017	1582.9	3	-19.3	18090.4	2

注：2002—2005年数据为中国对外非金融类直接投资数据，2006—2017年为全行业对外直接投资数据，2006年同比为对外非金融类直接投资比值。

资料来源：中华人民共和国商务部，《2017年度中国对外直接投资统计公报》。

中国对外投资规模不断扩大，2017年流量已达全球第三，仅次于美国和日本。自2002年发布统计公报以来，中国对外投资在全球的位次不断攀升，仅在2007年出现下滑，其原因可能是受美国次贷危机的影响，全球经济都受到影响，加之中国劳动力价格上涨、产业转型等阶段性阵痛，如图3-2和图3-3所示。

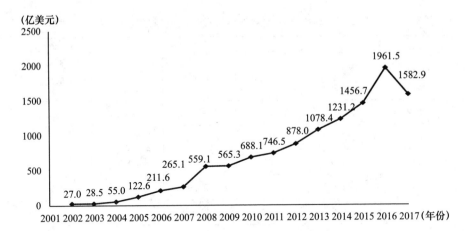

图 3 - 1　2002—2017 年中国对外直接投资流量情况

资料来源：中华人民共和国商务部，《2017 年度中国对外直接投资统计公报》。

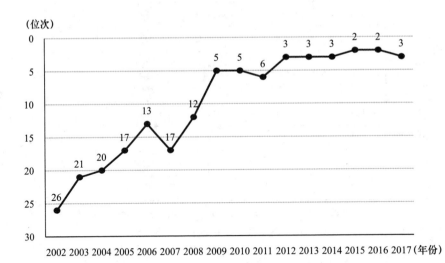

图 3 - 2　2002—2017 年中国对外直接投资流量在全球的位次

资料来源：中华人民共和国商务部，《2017 年度中国对外直接投资统计公报》。

（2）并购。中国企业对外投资并购金额虽有所下降，但依然非常活跃，2017 年共完成并购 431 起，涉及 56 个国家，并购金额达 1196.2 亿美元，占对外直接投资的 21.1%，较 2016 年下降

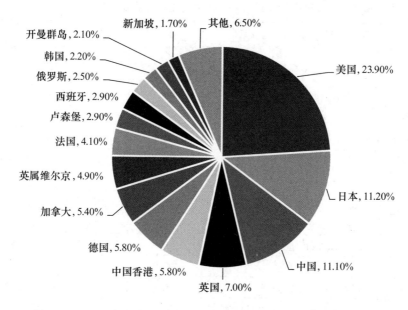

图 3-3 2017 年全球主要对外投资国家（地区）流量占比情况

资料来源：中华人民共和国商务部，《2017 年度中国对外直接投资统计公报》。

了 11.6 个百分点。并购领域广泛，涉及制造业、采矿业、电力、热力、燃气及水的生产和供应业等 18 个行业大类。

（3）人民币。中国对外直接投资流量的近两成是人民币方式出资，涉及中国境内企业数量超过 800 家，主要形成对境外企业股权和债务工具投资。

（4）行业分布。从行业来看，租赁和商业服务、制造、批发零售和金融为热门投资行业，采矿业首呈负流量。2017 年，中国对外直接投资涵盖了国民经济的 18 个行业大类。其中流量上百亿美元的涉及 4 个领域（较上年减少 2 个），流量为 1288.8 万美元，占比达到 81.4%。租赁和商务服务业保持第一位，制造业第二。其中，制造业、批发和零售业、金融业、建筑业和交通运输业表现突出，均较上一年度有所增长。交通运输业同比增长了两倍之多，原因可能是由于"一带一路"的互联互通所带动，如表 3-2 所示。

表 3 - 2　　　　　　2017 年中国对外直接投资流量行业分布情况

行业	流量（亿美元）	同比（％）	比重（％）
合计	1582.9	- 19.3	100.0
租赁和商务服务业	542.7	- 17.5	34.3
制造业	295.1	1.6	18.6
批发和零售业	263.1	25.9	16.6
金融业	187.9	25.9	11.9
房地产业	68.0	- 55.1	4.3
建筑业	65.3	48.7	4.1
交通运输/仓储和邮政业	54.7	225.6	3.4
信息传输/软件和信息技术服务业	44.3	- 76.3	2.8
农/林/牧/渔业	25.1	- 23.7	1.6
科学研究和技术服务业	23.9	- 43.6	1.5
电力/热力/燃气及水的生产和供应业	23.4	- 33.9	1.5
居民服务/修理和其他服务业	18.7	- 65.5	1.2
卫生和社会工作	3.5	- 28.6	0.2
文化/体育和娱乐业	2.6	- 93.3	0.2
水利/环境和公共设施管理业	2.2	- 73.8	0.1
教育	1.3	- 53.6	0.1
住宿和餐饮业	-1.9	—	- 0.1
采矿业	- 37.0	—	- 2.3

资料来源：中华人民共和国商务部，《2017 年度中国对外直接投资统计公报》。

（5）国家（地区）分布。从中国对外投资的区域分布来看，亚洲是中国对外投资最主要的地区，2017 年，中国对亚洲地区的投资达 1100.4 亿美元，占总对外投资的 69.5%。其次是欧洲（184.6 亿美元）和拉丁美洲（140.8 亿美元），占总对外投资的 11.7% 和 8.9%，分别位列第二和第三。其余地区投资较少，占比不足 10%，如表 3 - 3 所示。

表3-3　　　　　　2017年中国对外直接投资流量地区构成情况

洲别	金额（亿美元）	同比（%）	比重（%）
欧洲	184.6	72.7	11.7
非洲	41.0	70.8	2.6
大洋洲	51.1	-1.9	3.2
亚洲	1100.4	-15.5	69.5
拉丁美洲	140.8	-48.3	8.9
北美洲	65	-68.1	4.1
合计	1582.9	-19.3	100.0

资料来源：中华人民共和国商务部，《2017年度中国对外直接投资统计公报》。

　　从中国对外直接投资流量国家（地区）分布来看，2017年中国对外直接投资流量前5的国家（地区）分别是：中国香港、英属维尔京群岛、瑞士、美国和新加坡。投资总流量为1306.9亿美元，占比超过82.5%。总体上看，目前我国投资依然主要集中在发达经济体，如图3-4所示。从总体趋势看，中国对欧洲、非洲的投资快速增长，对美洲投资降幅较大。

表3-4　　　2017年中国对外直接投资流量前20位的国家（地区）

位次	国家（地区）	流量（亿美元）	占总额比重（%）
1	中国香港	911.5	57.6
2	英属维尔京群岛	193.0	12.2
3	瑞士	75.1	4.7
4	美国	64.2	4.0
5	新加坡	63.1	4.0
6	澳大利亚	42.4	2.7
7	德国	27.2	1.7
8	哈萨克斯坦	20.7	1.3
9	英国	20.7	1.3

续表

位次	国家（地区）	流量（亿美元）	占总额比重（%）
10	马来西亚	17.2	1.1
11	印度尼西亚	16.8	1.1
12	俄罗斯联邦	15.5	1.0
13	卢森堡	13.5	0.8
14	瑞典	12.9	0.8
15	老挝	12.2	0.8
16	泰国	10.6	0.7
17	法国	9.5	0.6
18	越南	7.6	0.5
19	柬埔寨	7.4	0.5
20	巴基斯坦	6.8	0.4
	合计	1547.9	97.8

资料来源：中华人民共和国商务部，《2017年度中国对外直接投资统计公报》。

（6）"一带一路"沿线国家。近年来，中国对"一带一路"沿线国家投资总体呈增长态势。如图3-4所示，中国境内投资者共对"一带一路"沿线的57个国家近3000家境外企业进行了直接投资，2017年，达到历史最高位，当年累计投资201.7亿美元，同比增长31.5%，占同期中国对外直接投资流量的12.7%。主要投向新加坡、哈萨克斯坦、马来西亚、印度尼西亚、俄罗斯、老挝、泰国、越南、柬埔寨、巴基斯坦、阿联酋等国家。总体看，中国"一带一路"沿线国家投资呈逐年增长趋势，但从投资占比来看"一带一路"沿线57个国家仍未成为最主要的投资方向。

（7）投资主体地区分布。截至2017年，地方企业对外非金融类直接投资流量达862.3亿美元，同比下降42.7%，占全国非金融类流量的61.8%。东部占比最大，中部占比最小，东中部同比下降，西部同比增长。其中：东部地区642.4亿美元，占地方投资流量的74.5%，同比下降48.9%；西部地区124.7亿美元，

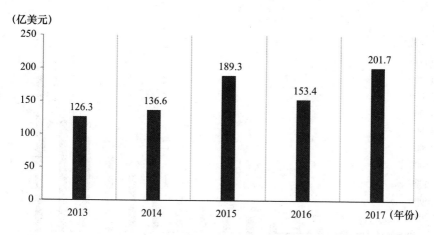

图 3-4　2013—2017 年中国对"一带一路"沿线国家投资情况

资料来源：中华人民共和国商务部，《2017 年度中国对外直接投资统计公报》。

占 14.5%，同比增长 8%；中部地区 76.1 亿美元，占 8.8%，同比下降 24.7%；东北三省 19.1 亿美元，占 2.2%，同比下降 41.2%。上海、广东、浙江、山东、北京、重庆、江苏、海南、福建、天津位列地方对外直接投资流量前 10 位，合计 676.3 亿美元，占地方对外直接投资流量的 78.4%。① 中央企业和单位对外投资 532.7 亿美元，同比增长 73.4%。

（8）投资主体股权分布。截至 2017 年，中国对外非金融类投资流量中，属非公有经济控股的境内投资者对外投资 679.4 亿美元，占 48.7%；公有经济控股对外投资 715.6 亿美元，占 51.3%。

2. 中国对外直接投资存量

（1）总体形势。如图 3-5、图 3-6 和表 3-5 所示，截至 2017 年，中国对外直接投资存量 18090.4 亿美元，较上年末增加

---

① 东部地区包括：北京、天津、河北、上海、江苏、浙江、福建、山东、广东和海南。中部地区包括：山西、安徽、江西、河南、湖北、湖南。西部地区包括：内蒙古、广西、四川、重庆、贵州、云南、陕西、甘肃、青海、宁夏、新疆、西藏。东北三省包括：黑龙江、吉林、辽宁。

（亿美元）

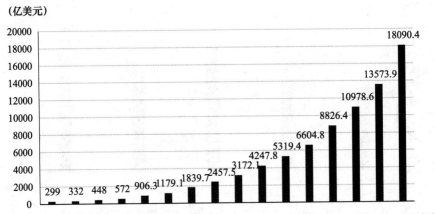

图 3-5　2002—2017 年中国对外直接投资存量情况

资料来源：中华人民共和国商务部，《2017 年度中国对外直接投资统计公报》。

（位次）

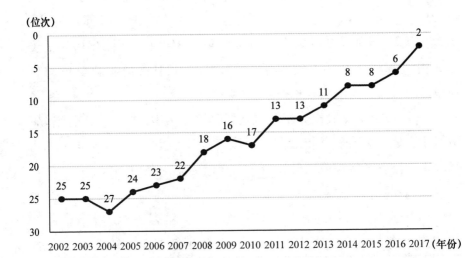

图 3-6　2002—2017 年中国对外直接投资存量在全球的位次

资料来源：中华人民共和国商务部，《2017 年度中国对外直接投资统计公报》。

表3-5　2017年末全球对外直接投资存量前十位的国家（地区）

位次	国家（地区）	2017年末存量	占全球比重（%）
1	美国	77990	25.3
2	中国	18090	5.9
3	中国香港	18042	5.9
4	德国	16074	5.2
5	荷兰	16049	5.2
6	英国	15317	5.0
7	日本	15200	4.9
8	加拿大	14871	4.8
9	法国	14517	4.7
10	瑞士	12718	4.1
	合计	218868	71.0

资料来源：中华人民共和国商务部，《2017年度中国对外直接投资统计公报》。

4516.5亿美元，是2002年末存量的60.5倍，全球对外直接投资流出存量的份额由2002年的0.4%提升至5.9%，排名由第25位上升至第2位，仅次于美国（7.8万亿美元）。从存量规模上看，中国与美国差距较大，仅相当于美国的23.2%；与位列前六的中国香港、德国、荷兰、英国比较接近。

（2）行业分布。中国对外直接投资覆盖了国民经济所有行业类别。投资存量最多的是租赁和商业服务业，截至2017年末达6157.7亿美元，占中国对外直接投资存量的34.1%。存量规模上千亿美元的行业有6个，分别是租赁和商务服务业、批发和零售业、信息传输/软件和信息技术服务业、金融业、采矿业和制造业，其中信息传输/软件和信息技术服务业是属新兴行业。六大行业存量大约15618.6亿美元，占投资总存量的86.3%，如图3-7所示。

（3）国家（地区）分布。如图3-8所示，2017年中国对外

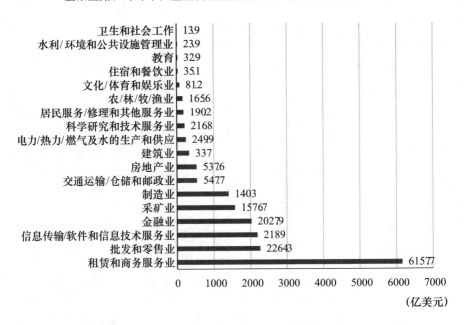

图 3-7　2017 年末中国对外直接投资存量行业分布

资料来源：中华人民共和国商务部，《2017 年度中国对外直接投资统计公报》。

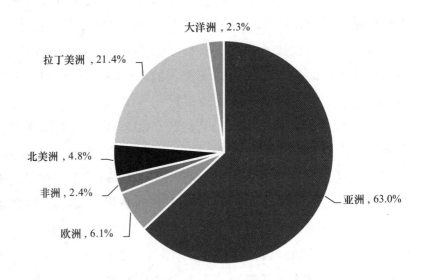

图 3-8　2017 年中国对外直接投资存量地区分布情况

资料来源：中华人民共和国商务部，《2017 年度中国对外直接投资统计公报》。

直接投资存量分布在全球的 189 个国家（地区），占全球国家（地区）总数的 80.8%。截至 2017 年末，中国在亚洲的投资存量为 11393.2 亿美元，占 63.0%，其中中国香港占亚洲存量的 86.1%。拉丁美洲 3868.9 亿美元，占 21.4%，主要分布在开曼群岛、英属维尔京群岛等，其中开曼群岛和英属维尔京群岛累计存量 3717.4 亿美元，占对拉美地区投资存量的 96.1%。欧洲 1108.6 亿美元，占 6.1%，主要分布在英国、荷兰、卢森堡、俄罗斯、德国、瑞士、瑞典等。北美洲 869.1 亿美元，占 4.8%，主要分布在美国、加拿大。非洲 433 亿美元，占 2.4%，主要分布在南非。大洋洲 417.6 亿美元，占 2.3%，主要分布在澳大利亚、新西兰。

如表 3-6 所示，截至 2017 年末，中国对外直接投资存量前 20 位的国家（地区）累计投资存量达到 16568.03 亿美元，占中国对外直接投资存量的 91.6%。分别是：中国香港、开曼群岛、英属维尔京群岛、美国、新加坡、澳大利亚、英国、荷兰、卢森堡、俄罗斯、德国、加拿大、印度尼西亚、中国澳门、百慕大、瑞士、哈萨克斯坦、南非、瑞典、老挝。中国对"一带一路"沿线国家的直接投资存量为 1543.98 亿美元，占中国对外直接投资存量的 8.5%。存量位列前十的国家是：新加坡、俄罗斯、印度尼西亚、哈萨克斯坦、老挝、巴基斯坦、缅甸、柬埔寨、阿联酋、泰国。

表 3-6　2017 年末中国对外直接投资存量前 20 位的国家（地区）

序号	国家（地区）	存量（亿美元）	比重（%）
1	中国香港	9812.66	54.2
2	开曼群岛	2496.82	13.8
3	英属维尔京群岛	1220.61	6.7
4	美国	673.81	3.7

续表

序号	国家（地区）	存量（亿美元）	比重（%）
5	新加坡	445.68	2.5
6	澳大利亚	361.75	2.0
7	英国	203.18	1.1
8	荷兰	185.29	1.0
9	卢森堡	139.36	0.8
10	俄罗斯	138.72	0.8
11	德国	121.63	0.7
12	加拿大	109.37	0.6
13	印度尼西亚	105.39	0.6
14	中国澳门	96.80	0.5
15	百慕大	85.88	0.5
16	瑞士	81.12	0.5
17	哈萨克斯坦	75.61	0.4
18	南非	74.73	0.4
19	瑞典	73.07	0.4
20	老挝	66.55	0.4
	合计	16568.03	91.6

资料来源：中华人民共和国商务部，《2017年度中国对外直接投资统计公报》。

（4）投资主体类型。2017年在对外非金融类直接投资16062.5亿美元存量中，国有企业占49.1%，较上年下降5.2个百分点；非国有企业占50.9%，其中有限责任公司占16.4%，股份有限公司占8.7%，个体经营占7.4%，私营企业占6.9%，港澳台商投资企业占5.8%，外商投资企业占3%，股份合作企业占0.5%，集体企业占0.3%，其他占1.9%。

（5）投资主体地区分布。截至2017年末，地方企业对外非金融类直接投资存量达到7274.6亿美元，占全国非金融类存量的

45.3%，较上年增加0.9个百分点。其中：东部地区6115.2亿美元，占84.1%；西部地区530.8亿美元，占7.3%；中部地区415.5亿美元，占5.7%；东北三省213.1亿美元，占2.9%。

二　中国对外承包工程概况

（一）对外承包工程业务现状

近年来国际经济不景气，发达经济体市场萎缩，但中国对外承包工程业务持续健康有序发展。自2013年"一带一路"倡议提出以来，中国企业加快了"走出去"的步伐。亚洲基础设施投资银行、丝路基金的设立使得中国进行对外承包工程有了充足的资金支持。2017年，中国对外承包工程完成营业额1685.9亿美元，新签合同额为2652.8亿美元，实现了自2001年以来业务的持续增长。根据商务部最新数据，2018年1—2月，中国对外承包工程业务完成营业额196.5亿美元，同比增长17.2%，新签合同额1306.3亿美元，同比增长22.3%。中国对外承包合作主要有以下五个特点：

1. "一带一路"沿线国家市场对外承包工程业务持续增长

2017年对外承包工程业务前十大国别（地区）市场如表3-7所示。新签合同额位居前十位的国家（地区）依次为马来西亚、印度尼西亚、尼日利亚、巴基斯坦、孟加拉国、肯尼亚、中国香港、安哥拉、俄罗斯和埃塞俄比亚，新签合同额共计1171.1亿美元，占新签合同总额的44.1%，较上年度前十国家（地区）业务占比提升了6.7个百分点。完成营业额前十的国家（地区）依次是巴基斯坦、马来西亚、阿尔及利亚、安哥拉、沙特阿拉伯、印度尼西亚、中国香港、埃塞俄比亚、老挝、肯尼亚，完成营业额共计649.6亿美元，占总完成营业额的38.5%，市场业务集中度进一步提高。

表 3 - 7　　　2017 年对外承包工程业务前十大国别（地区）市场

	新签合同额				完成营业额			
	国别 （地区）	金额 （亿美元）	同比 （％）	占比 （％）	国别 （地区）	金额 （亿美元）	同比 （％）	占比 （％）
1	马来西亚	248.5	121.2	9.4	巴基斯坦	113.4	56.0	6.7
2	印度尼西亚	172.0	60.4	6.5	马来西亚	81.5	71.6	4.8
3	尼日利亚	114.8	91.7	4.3	阿尔及利亚	78.5	-14.0	4.7
4	巴基斯坦	107.5	-7.2	4.1	安哥拉	66.9	54.5	4.0
5	孟加拉国	104.2	39.3	3.9	沙特阿拉伯	63.4	-33.1	3.8
6	肯尼亚	100.8	137.3	3.8	印度尼西亚	55.6	36.0	3.3
7	中国香港	89.2	12.6	3.4	中国香港	55.5	31.0	3.3
8	安哥拉	85.8	0.3	3.2	埃塞俄比亚	55.2	17.3	3.3
9	俄罗斯	77.5	191.5	2.9	老挝	42.3	43.5	2.5
10	埃塞俄比亚	70.6	-15.4	2.7	肯尼亚	37.3	-18.0	2.2
	合计	1171.1	—	44.1		649.6	—	38.5

资料来源：中华人民共和国商务部，《中国对外承包工程发展报告 2017—2018》。

2. 交通运输建设、一般建筑、电力工程建设为主要业务领域

2017 年，新签合同额与完成营业额各专业领域的份额大致相匹配。交通运输建设、一般建筑、电力工程建设是签订合同的热门领域，占比超过 67%，说明中国的投资主要集中在基础设施建设方面，同时石油化工和通信工程建设也占有一定份额，如图 3 - 9 所示。

3. 大型项目和综合性项目逐年增多

在国际工程市场项目大型化、复杂化的发展趋势下，中国企业承揽大型项目的能力得到进一步提升，新签约大型项目数量也在持续增加。2017 年，中国企业新签合同额 10 亿美元以上的项目共 41 个，较上年增加 8 个，新签合同额 1 亿美元和 5000 万美元以上的项目数量也逐年增加，主要集中在铁路建设、一般建

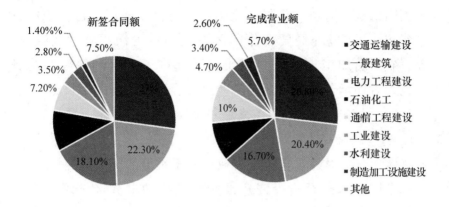

图3-9 2017年对外承包工程各专业领域占比

资料来源：中华人民共和国商务部，《中国对外承包工程发展报告2017—2018》。

筑、石油化工、电力工程等领域。

4. 业务转型升级和模式创新不断取得新进展

对外承包工程企业围绕"一带一路"和国际产能合作倡议，探索向高端市场和高端业务转移，积极推动发展模式转型升级。中国企业依托技术储备、运营管理、资源整合等综合优势，积极在电力工程、交通设施建设、资源开发等领域推进投资和运营一体化建设，通过BOT、PPP等项目融资模式，扩展业务空间。

5. 参与国际产能合作和境外经贸合作区建设成效显著

中国正面临产业转型和产能合作的问题，国内优势产业"走出去"步伐加快，境外经贸合作区建设成效显著。截至2017年末，我国企业共在44个国家建设初具规模的境外经贸合作区99家，累计投资307亿美元，入区企业4364家，上缴东道国税费24.2亿美元，为当地创造就业岗位25.8万个。其中，2017年新增投资57.9亿美元，创造产值186.9亿美元。对外承包工程企业充分发挥全球网络优势，对接国内国际产能合作发展需求，积极参与境外经贸合作区、农业、资源和建材等领域的项目开发，不仅填补了当地产业空白，提升了所在国的经济发展能力，同时带动了国内钢铁、有色、建材、化工、工程机械等产业链上下游行业"走出去"。境外经贸合作园区建设不仅为纺织业、制鞋业、物流、农产品加工等企业"走出去"提供了完善的保障及落脚点，也为对外承包工程行业自身业务发展提供了新的增长点。

（二）对外承包工程业务发展趋势和面临的问题

1. 趋势和展望

总体来看，对外承包工程行业正处于难得的历史发展机遇期。

一是国际基础设施投资建设始终是拉动世界经济增长和各国经济发展的重要因素，发展中国家弥补基建缺口、发达国家基础设施更新改造的刚性需求旺盛。公路、铁路、港口、机场等互联互通基础设施，电力网络和清洁能源，水利建设、房屋建筑、市政等民生工程建设在相当长的一段时间内仍将是各国建设的重点。

二是"一带一路"倡议将推动沿线国家加强基础设施互联互通建设，这些建设需求将不断转化成为具体的合作项目。"一带一路"框架下的国际经贸合作将进一步增强，行业企业在"一带一路"倡议的引领下将实现更大的业务发展。

三是政府改革对外承包工程行业管理制度，采用备案管理，加强事中事后监督，强调行业自律；改革企业境外所得税收抵免政策，减轻企业税务负担；对外推动自贸区和双边投资协定谈判等，为我国企业营造了更良好的政策环境。

2. 问题和挑战

在看到行业发展机遇的同时，也要看到行业发展仍然面临一些压力和挑战。目前，企业在国际市场所面临的外部竞争不断加剧，安全风险、经济风险、政治风险等各类风险问题仍然突出；国际市场对于承包商国际资源整合和综合集成能力的要求不断提高，各国对于国际承包商参与基础设施项目投资的期待也越来越高。行业企业对于新模式业务探索仍然处于起步阶段，同质化竞争问题依然突出，经营管理等综合竞争力仍有待进一步提升。

三　中国对外劳务合作概况

（一）对外劳务合作业务现状

随着中国经济步入新常态，经济发展开始注重由速度向质量的转变，使得对外劳务合作受到了一定的影响。2015年、2016年连续两年对外派出劳务人数减少。随着对经济新常态的逐步适应，2017年派出总人数有所回升，当年共派出各类劳务人员52.2万人，较上年增加2.8万人，增幅达5.7%。但根据商务部数据，2018年1—2月，中国对外劳务合作派出各类劳务人员5.4万人，较上年同期减少0.6万人，其中承包工程项下派出2.9万人，劳务合作项下派出2.5万人。截至2018年2月末，在外各类劳务人员96.3万人，较上年同期增加5.5万人，在助力我国西部落后地区减贫、脱贫工作，促进"一带一路"沿线国家和地区民心相通方面发挥了积极作用。

1. 总体趋势

中国对外劳务合作总体呈现增长势头，年度派出劳务在2015年、2016年连续两年下降以后，在2017年有所回升，达到52.2万人，较2016年增长2.8万人。期末在外劳务人员小幅增加，达到97.9万人，较去年增长1万人次。截至2017年12月底，我国对外劳务合作业务累计派出各类劳务人员902.2万人次，突破900万人次大关，如图3-10所示。

2. 行业分布

我国在外各类劳务人员主要分布在建筑业、制造业和交通运输业三大行业，截至2017年末，合计人数达71.8万人，所占比重为73.3%，其中建筑业在外人数42.5万人，同比下降2.67万人，在外人员规模占比仍达到43.4%；制造业15.3万人，同比增加0.49万人，在外人员规模占比为16.1%；交通运输业13.5

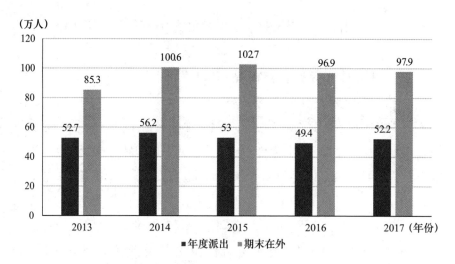

图 3 - 10   2013—2017 年对外劳务合作发展情况

资料来源：中华人民共和国商务部，《中国对外劳务合作发展报告 2017—2018》。

万人，同比增加 3.28 万人，其中海员增加 3.09 万人，增幅最大。与 2016 年同期相比，建筑业在外人员降幅明显，交通运输业增幅明显，制造业、住宿和餐饮业、科教文卫体业在外人员同比有所增加，农林牧渔业、计算机服务和软件业以及其他行业人员同比均有一定程度的减少，如图 3 - 11 所示。

3. 地区分布

从国别（地区）来看，我国劳务人员在外人数排名前十的国家和地区是，日本（14.70%），中国澳门（13.10%），新加坡（9.80%），阿尔及利亚（6.30%），中国香港（6.00%），沙特阿拉伯（3.00%），巴拿马（2.90%），马来西亚（2.90%），安哥拉（2.60%），巴基斯坦（2.20%），共占在外总劳务人员的 63.5%。主要集中在亚非国家，排名前五的国家占比接近 50%，如图 3 - 12 所示。

4. 海外雇用所在国人员

如表 3 - 8 和图 3 - 13 所示，我国对外承包工程和劳务合作

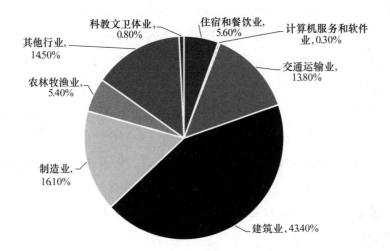

图 3 - 11　2017 年 12 月末我国在外各类劳务人员构成情况

资料来源：中华人民共和国商务部，《中国对外劳务合作发展报告 2017—2018》。

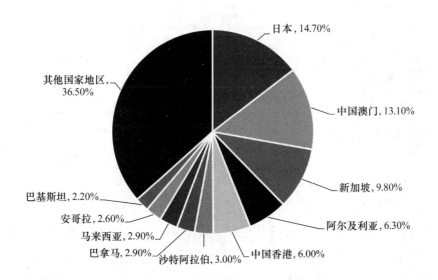

图 3 - 12　2017 年 12 月末我国在外各类劳务人员分布情况

资料来源：中华人民共和国商务部，《中国对外劳务合作发展报告 2017—2018》。

企业雇用海外人员主要分布在亚洲和非洲，截至 2017 年，占比达到 93.3%。在外共雇用项目所在国人员在 2015 年、2016 年连续两年下降之后有所增长，达到 740811 人，相比 2016 年的 700867 人上升 5.7%。主要分布地区：亚洲 34.52 万人，相比 2016 年度的 28.29 万人上升明显；非洲 34.62 万人，相比 2016 年度的 36.22 万人持续小幅下降；欧洲 1.09 万人，相比 2016 年度的 0.84 万人小幅提升；拉丁美洲 3.39 万人，相比 2016 年度的 3.72 万人有一定幅度下降；北美洲 0.14 万人，相比 2016 年度的 0.12 万人略有提升；大洋洲 0.32 万人，相比 2016 年度的 0.64 万人持续下降。

表3-8 2013—2017 年海外雇用所在国人员数量与比例

年度	雇用所在国人数（人）	同比增减比例
2013	654809	8.4%
2014	747132	14.1%
2015	729887	-2.3%
2016	700867	-3.98%
2017	740811	5.70%

资料来源：中华人民共和国商务部，《中国对外劳务合作发展报告 2017—2018》。

（二）对外劳务合作业务发展趋势展望

2019 年，我国对外劳务合作行业市场竞争形势依然严峻，行业发展仍将面临诸多困难和挑战。从国内市场看，有效资源培育和储备机制尚未形成，不能满足市场拓展需要；从外部环境看，对外劳务合作新兴市场尚未形成规模，不能从根本上扭转行业的困难局面。但随着政策环境的不断健全，经营企业不断调整发展思路，积极探索、培育新的业务增长点，不断提振市场发展的信心，一方面着力促进、拓展、培育市场，另一方面做好规范、协

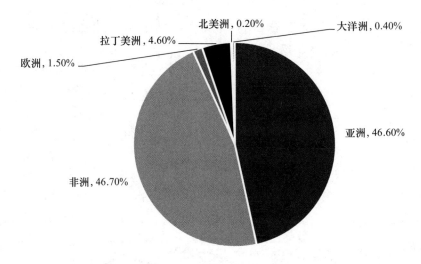

图 3 – 13　2017 年雇用所在国人员区域分布

资料来源：中华人民共和国商务部，《中国对外劳务合作发展报告 2017—2018》。

调、自律工作，在着力做好劳务资源培育、实现资源有效对接的基础上，加大新兴市场、新兴行业的开发工作，培育新的业务增长点，对外劳务合作行业仍将保持持续、健康、稳定的发展。

第二节　中国对沙特阿拉伯投资合作概况

本节重点从直接投资、承包工程和劳务合作三个方面，介绍了中国对沙特阿拉伯投资合作的基本情况。

一　直接投资

如图 3 – 14 所示，2017 年，中国对沙特投资流量为 – 34518 万美元，中方已经连续两年大面积从沙特撤资。随之而来的是投资存量也大量减少，截至 2017 年下降了近 60000 万美元。2013 年中国对沙特投资最多，达到 47882 万美元，其次是 2015 年为

40479 万美元。这表明在沙特的投资遇到了阻碍或者之前的投资因收益低下导致企业纷纷撤资。

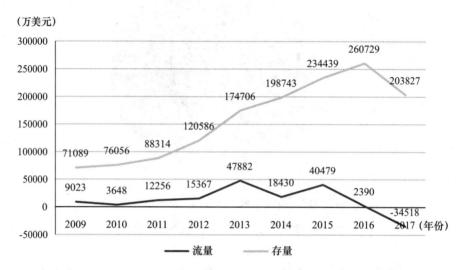

图 3-14　2009—2017 年度中国对沙特直接投资流量和存量情况表

资料来源：中华人民共和国商务部，《2017 年度中国对外直接投资统计公报》。

二　承包工程

西亚地区部分国家受政治局势变动，石油价格下降的影响凸显，沙特阿拉伯市场项目建设模式逐步从使用自有资金向吸引外资方向转变，但配套法律制度尚不完善，短期业务发展动力不足，2017 年，中国企业在沙特阿拉伯市场新签合同额 29.3 亿美元，同比下降 41.8%；完成营业额 63.4 亿美元，同比下降 33.1%，拉低了地区业务整体表现。

近年来，沙特政府致力于推动去石油化改革，推动经济多元化发展，提出了包括国家转型、私有化、工业发展和物流、住房等众多发展计划，基础设施市场潜力较大。在油价下跌和财政紧张的背景下，沙特加快经济结构调整步伐，提升政府办事效率，改善投资环境，吸引外资，提高外商直接投资和私营部门对经济增长的贡献率。为提高投资便利水平，沙特将外资持股比例提升到100%，公司税率降为20%，并加大财政支持。同时沙特在缩短货物通关时间、简化通关手续、加速签证出具效率、缩短人员入境时间等方面也取得了积极进展。值得注意的是，沙特基建项目开始从以自有资金为主向引入私人投资转变，沙特成立了负责规划和监督PPP项目采购的"国家私有化中心"，但目前仍缺少PPP方面的法律。中国企业未来在沙特的投资机遇主要在交通物流基础设施、电力设施、工业制造、工程服务、医疗卫生、旅游、农业、汽车制造、可再生能源等领域。

三　劳务合作

"2017年，中国对沙特累计派出各类劳务人员18065人，期末在沙各类劳务人员共29507人。其中，工程承包项下派出劳务人员16625人，相比2016年大幅减少，期末在沙22080人，同比减少9553人；劳务合作合同项下派出劳务人员1440人，期末在沙7427人，劳务合作新签劳务人员合同工资总额0.15亿美元，劳务人员实际收入总额0.22亿美元。[①]

中国在沙各类劳务人员中九成以上为承包工程项下劳务，因此劳务合作情况与中国在沙特项目签约和执行情况密切相关。在国际油价下跌的背景下，沙特政府自2015年起开始减少对承包工程市场的财政支出，工程发包量显著下降，不少政府项目甚至纷纷暂停。2017年，中国对沙特阿拉伯新签承包工程合同124份，比2016年的139份减少15份。从行业分布看，中国劳务人员主要集中在基础设施和油气钻井两大领域，人数分别为6624人和6501人，占期末在沙劳务总数比重分别为39%和

---

① 《中国对外劳务合作发展报告2017—2018》，中华人民共和国商务部，（http://fec.mofcom.gov.cn/article/tzhzcj/tzhz/upload/dwlwhz2017 - 2018.pdf）。

39%；从地域分布看，主要集中在沙特东部地区和南部地区，人数分别为 5842 人和 5791 人，占期末在沙劳务总数比重分别为 35% 和 34%。①

中国在沙特劳务人员普遍法律意识不强，部分中资企业劳务管理环节存在漏洞，各类劳务案件时有发生，纠纷时劳务人员的合法权益难以得到切实保障。截至 2017 年底，中国驻沙特使馆共受理在沙中资企业各类劳务纠纷和突发事件 57 起，涉及人员 148 人。工人薪资未得到妥善处理和工人需提前回国是产生纠纷最重要也是最直接的原因。② 此外，近年来沙特政府的"沙化"政策也使得中资企业的劳务成本不断上升。

第三节　沙特阿拉伯中资企业生产经营现状分析

本节依据此次实地调研的统计数据，对沙特阿拉伯中资企业生产经营现状进行了描述和分析。

一　沙特中资企业基本情况

根据沙特中资企业有关"公司注册时间和运营时间"的电子问卷调查数据显示，在 1995—2000 年间，沙特的中资企业开始注册并投入运营，到 2011—2015 年中资企业注册及运营的数量一直保持涨势，尤其在 2000—2010 年间数量增长较快，2010—2015 年增长趋势较缓，沙特的中资企业注册及运营数量

---

① 《中国对外劳务合作发展报告 2017—2018》，中华人民共和国商务部，（http：//fec. mofcom. gov. cn/article/tzhzcj/tzhz/upload/dwlwhz2017 – 2018. pdf）。

② 同上。

从 2015 年起开始缓慢下降。在 2011—2015 年间，沙特中资企业注册及运营数量达到最高值，分别占比 32.44%、35.28%，如图 3-15 所示。

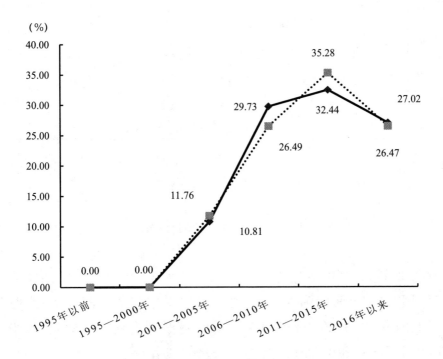

图 3-15 企业注册与运营时间年份分布

根据沙特中资企业有关"企业目前控股情况"的电子问卷调查数据显示，沙特中资企业主要是中国国有控股（占比45.12%）和中国私人控股（占比48.17%），以下几种控股方式占比较少：中国集体控股占比2.77%，沙特国有控股占比2.08%，沙特私人控股占比1.58%，外国私人控股占比0.28%，此外沙特中资企业不存在外国国有控股的情况，如图 3-16 所示。

根据沙特中资企业有关"2018 年每周平均开工生产或营业时间"的电子问卷调查数据显示，沙特中资企业每周平均营业

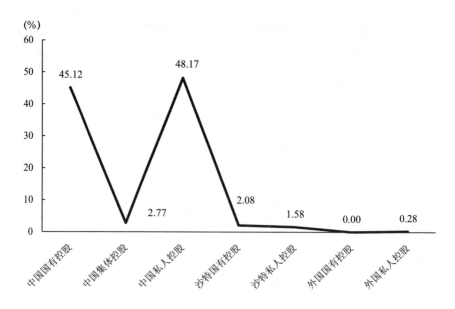

图 3 - 16　企业股权占比分布

时间多在 40—50 小时之间，占比 56.41%，有 20.51% 的企业每周平均营业时间为 51—60 小时，周平均营业时间在 70 小时以上的占 12.82%，企业每周平均营业时间占比最少的是 40 小时以下和 61—70 小时，仅占 5.13%，如图 3 - 17 所示。

在参与调研的沙特中资企业中，各类员工的比例构成如表 3 - 9 所示。按照均值来看，企业女性员工仅占员工总数的 2.91%，这一比例相对稳定，其中一个企业最多有 25% 的女性员工，最少则没有，说明大部分企业都有女性员工工作。相比之下，沙特员工的比例构成就有些不稳定，占比均值达到 41.77%，其中比例最多的企业中有 91.18% 的沙特员工，最少没有。证明沙特员工的数量因企业而异。中国员工同样如此，占总人数比重达到 53.85%，最多达到 100%，最少 8.82%，相比之下不稳定，说明企业的员工构成比例大不相同。其他国家的员工数量占总人数比例为 4.38%，最大值为 55.24%，最

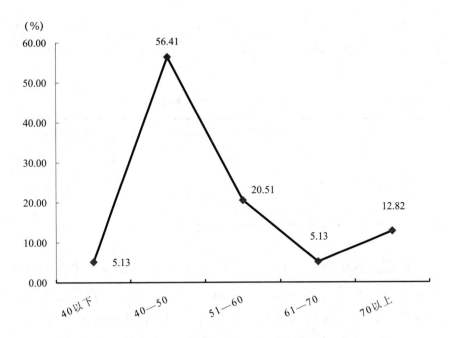

图 3-17 企业每周平均营业时间分布（单位：小时）

小为 0，表现相对稳定。

表 3-9   企业员工构成

各类员工占比	均值（%）	标准差（%）	最大值（%）	最小值（%）
女性员工	2.91	6.57	25.00	0.00
沙特员工	41.77	27.32	91.18	0.00
中国员工	53.85	27.72	100.00	8.82
其他国家员工	4.38	13.49	55.24	0.00

在参与调研的沙特中资企业中，中高层的管理人员占公司总人数的平均比例为 14.62%，最多有一半都是中高层管理员工，最少只占 0.06%。其中，在中高层管理人员中沙特员工平均占比 12.69%，最多占到 60%，最少没有，中国员工平均占比 82%，最多全部为中

方管理人员，最少没有。中高层的沙特员工比例较为稳定，管理层中中国员工的比例相对波动较大，如表 3 - 10 所示。

表 3 - 10　　　　　　　　企业中高层管理员工构成

	均值（%）	标准差（%）	最大值（%）	最小值（%）
中高层管理员工占比	14.62	15.69	50.00	0.06
中高层管理人员中沙特员工占比	12.69	19.89	60.00	0.00
中高层管理人员中中国员工占比	82.00	25.87	100.00	0.00

根据沙特中资企业有关"公司高层管理人员近三年（2016—2018）在生产、销售策略、投资战略、研发与雇佣方面的自主决策程度（即不受母公司影响或干预）"的电子问卷调查数据显示，沙特不同行业类型的企业在五个方面有自主程度，即产品生产、产品销售、技术开发、新增投资、员工雇佣。依据企业自主决策程度，可将调查问卷中区间 1—9 划分为低（1）、较低（2）、中等（3—4）、较高（5—6）、高（7—8）、完全自主（9）。就工业行业而言，近半数企业在技术开发和新增投资方面的自主程度低；就服务业而言，一部分企业在产品生产、产品销售、新增投资与员工雇佣方面享有完全自主决策，同时在技术开发层面，31.25% 的企业自主决策程度低，如表 3 - 11 所示。

表 3 - 11　　　　　　　　不同行业类型的企业自主程度

	行业类型	0—19（%）	20—39（%）	40—49（%）	50—59（%）	60—69（%）	70—79（%）	80—89（%）	90—99（%）	100（%）
产品生产	工业	22.22	5.56	11.11	22.22	0.00	5.56	0.00	11.11	22.22
	服务业	12.50	12.50	6.25	6.25	0.00	0.00	6.25	18.75	37.50

续表

	行业类型	0—19 (%)	20—39 (%)	40—49 (%)	50—59 (%)	60—69 (%)	70—79 (%)	80—89 (%)	90—99 (%)	100 (%)
产品销售	工业	16.67	11.11	5.56	22.22	16.67	5.56	0.00	0.00	22.22
	服务业	6.25	12.50	6.25	0.00	6.25	6.25	6.25	12.50	43.75
技术开发	工业	43.75	12.50	6.25	6.25	0.00	0.00	6.25	0.00	25.00
	服务业	31.25	12.50	0.00	6.25	6.25	12.50	0.00	6.25	25.00
新增投资	工业	44.44	5.56	16.67	5.56	5.56	0.00	0.00	0.00	22.22
	服务业	18.75	12.50	0.00	6.25	18.75	0.00	0.00	6.25	37.50
员工雇佣	工业	22.22	0.00	5.56	11.11	11.11	16.67	11.11	0.00	22.22
	服务业	0.00	6.25	25.00	0.00	0.00	0.00	6.25	12.50	50.00

二　沙特中资企业产品市场分析

在参与调研的沙特中资企业中，根据有关"企业产品的主要市场"的电子问卷调查数据显示，沙特中资企业的产品或服务主要市场是其企业所在地和沙特国内，不涉及中国和国际市场。具体从四个指标来看：按企业注册时间划分，注册超过五年的沙特中资企业40%的市场是本地，60%是沙特国内市场，注册低于五年的企业本地市场占71.43%，沙特国内市场占28.57%；按是否在经开区划分，不在经开区的企业本地市场占53.85%，沙特国内市场占46.15%，在沙特经开区的企业本地市场占41.67%，沙特国内市场占58.33%，在其他地区的企业主要销售市场只有当地；按是否在商务部备案划分，已备案企业的当地市场占33.33%，沙特国内市场占66.67%，未备案企业市场只有当地；按企业是否加入沙特中国商会划分，加入沙特中国商会的企业本地市场占33.33%，沙特国内市场占66.67%，未加入沙特中国商会的企业本地市场占53.13%，沙特国内市场占46.88%，如表3-12所示。

表 3 - 12　　　　　　　　企业产品的主要销售市场状况

	本地（%）	沙特国内（%）	中国（%）	国际（%）
注册超过五年	40.00	60.00	0.00	0.00
注册低于五年	71.43	28.57	0.00	0.00
不在经开区	53.85	46.15	0.00	0.00
沙特经开区	41.67	58.33	0.00	0.00
其他	100.00	0.00	0.00	0.00
商务部境外投资备案	33.33	66.67	0.00	0.00
未在商务部境外投资备案	100.00	0.00	0.00	0.00
加入沙特的中国商会	33.33	66.67	0.00	0.00
未加入沙特的中国商会	53.13	46.88	0.00	0.00

根据沙特中资企业有关"企业主营业务产品的市场份额"的电子问卷调查数据显示，沙特中资企业市场主要集中于企业所在地及沙特国内，不涉及中国和国际市场。从沙特国内市场来看，相对本地市场而言，6.67%的企业市场份额为11%—20%，此外13.33%的企业市场份额达到了71%—100%，如表3-13所示。

表 3 - 13　　　　　　　　企业主营产品的市场份额分布

	小于1（%）	1—10（%）	11—20（%）	21—30（%）	31—50（%）	51—70（%）	71—100（%）
本地	35.29	41.18	11.76	5.88	5.88	0.00	0.00
沙特国内	33.33	46.67	6.67	0.00	0.00	0.00	13.33
中国	0.00	0.00	0.00	0.00	0.00	0.00	0.00
国际	0.00	0.00	0.00	0.00	0.00	0.00	0.00

根据沙特中资企业有关"公司生产经营定价方式"的电子问卷调查数据显示，沙特中资企业的生产经营定价方式有市场定价、成本加成、根据进口、政府定价、买方议价5种。具体

从四个指标划分：按企业注册时间划分，注册超过五年的企业定价方式以市场定价为主（占比62.50%），成本加成定价、政府定价、买方议价辅之，注册低于五年的企业也以市场定价为主（占比57.14%），其余四种定价方式辅之；按是否在经开区划分，不在经开区的企业以市场定价为主（占比64%），成本加成定价、政府定价辅之，在沙特经开区的企业以市场定价为主（占比50%），成本加成定价和买方议价定价各占25%，在其他地区的企业定价方式仅以市场定价为准；按是否在商务部备案划分，已备案企业以市场定价为主（占57.69%），其余四种定价方式辅之，未备案企业定价主要有市场定价和成本加成两种方式；按企业是否加入沙特中国商会划分，加入沙特中国商会的企业以市场定价为主（占比64.29%），其余四种定价方式辅之，未加入沙特中国商会的企业以市场定价、成本加成、政府定价为主，如表3-14所示。

表3-14　　　　　　　　　　企业在沙特的定价方式分布

	市场定价（%）	成本加成（%）	根据进口（%）	政府定价（%）	买方议价（%）	其他方式（%）
注册超过五年	62.50	12.50	0.00	16.67	8.33	0.00
注册低于五年	57.14	14.29	7.14	14.29	7.14	0.00
不在经开区	64.00	8.00	4.00	24.00	0.00	0.00
沙特经开区	50.00	25.00	0.00	0.00	25.00	0.00
其他	100.00	0.00	0.00	0.00	0.00	0.00
商务部境外投资备案	57.69	3.85	3.85	23.08	11.54	0.00
未在商务部境外投资备案	60.00	40.00	0.00	0.00	0.00	0.00

续表

	市场定价（%）	成本加成（%）	根据进口（%）	政府定价（%）	买方议价（%）	其他方式（%）
加入沙特的中国商会	64.29	14.29	3.57	7.14	10.71	0.00
未加入沙特的中国商会	37.50	12.50	0.00	50.00	0.00	0.00

根据沙特中资企业有关"2018 年主要出口的产品或服务类型"的电子问卷调查数据显示，沙特中资企业产品出口有原始设备制造商、原始设计制造商、原始品牌制造商、其他四种类型。具体从四个指标划分：按企业注册时间划分，注册超过五年的企业产品出口以原始品牌制造为主（占比66.7%），其他类型占比33.33%，注册低于五年的企业产品出口以原始设备制造和原始品牌制造为主，各占比50%；按是否在经开区划分，不在经开区及其他企业仅出口原始品牌制造，在沙特经开区的企业产品出口类型由原始设备制造商、原始品牌制造商、其他共同构成，各占比33.33%；按是否在商务部备案划分，已备案企业产品出口主要以原始品牌制造为主，原始设备制造和其他类型各占20%，未备案企业暂无产品出口数据；按企业是否加入沙特中国商会划分，产品出口类型分布与第三种指标相同，如表3 – 15 所示。

表3 – 15　　　　　　　　企业产品出口类型分布

	原始设备制造商（%）	原始设计制造商（%）	原始品牌制造商（%）	其他（%）
注册超过五年	0.00	0.00	66.67	33.33
注册低于五年	50.00	0.00	50.00	0.00

续表

	原始设备制造商（%）	原始设计制造商（%）	原始品牌制造商（%）	其他（%）
不在经开区	0.00	0.00	100.00	0.00
沙特经开区	33.33	0.00	33.33	33.33
其他	0.00	0.00	100.00	0.00
商务部境外投资备案	20.00	0.00	60.00	20.00
未在商务部境外投资备案	无	无	无	无
加入沙特的中国商会	20.00	0.00	60.00	20.00
未加入沙特的中国商会	无	无	无	无

　　根据沙特中资企业有关"目前公司通过互联网和移动互联网与传统渠道相比哪个渠道营业额更高"的电子问卷调查数据显示，沙特中资企业中工业企业更多依托传统渠道销售，认为传统渠道更高的占50%，认为两者差不多的占50%，而服务业中33.33%的企业认可互联网销售，认可传统渠道销售的企业占比高达66.67%，如表3-16所示。

表3-16　　　　　　　　企业的互联网销售渠道和传统渠道比较

	互联网更高（%）	传统渠道更高（%）	差不多（%）	不清楚（%）
工业	0.00	50.00	50.00	0.00
服务业	33.33	66.67	0.00	0.00

　　根据沙特中资企业有关"近三年内企业在市场是否有投放电视广告"的电子问卷调查数据显示，未投放电视广告的企业占绝大多数，从行业类别来看，工业企业没有是否投放电视广告的相关数据，服务业企业中仅有5.26%投放电视广告，从企业是否在

商务部备案看，无论企业是否在商务部备案，企业均未投放电视广告，如表3－17所示。

表3－17 企业投放电视广告情况

	是（%）	否（%）
工业	无	无
服务业	5.26	94.74
在商务部备案	0.00	100.00
未在商务部备案	0.00	100.00

　　根据沙特中资企业有关"未投放电视广告主要原因"的电子问卷调查数据显示，未投放电视广告的企业有两个关注点：一是电视广告费用支出太高，二是不需要采用电视广告，有27.78%的企业考虑出发点是原因一，72.22%的企业主要考虑第二点，如图3－18所示。

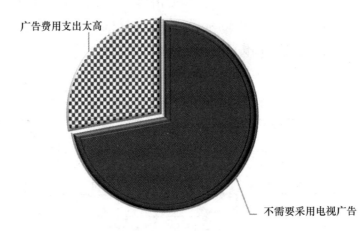

图3－18 未投放电视广告的原因

三 沙特中资企业融资渠道分析

　　根据沙特中资企业有关"企业融资来源"的电子问卷调查数

据显示，大多企业都是靠中国国内母公司拨款融资，这一因素占比高达58.82%，另外由中国国内银行正规金融机构贷款融资的占14.71%，由沙特国内银行正规金融机构贷款融资的占2.94%，有5.88%由亲戚朋友借款融资，融资方式占比较大的还有其他途径。值得注意的是，沙特中资企业未出现赊购和商业信用融资以及社会组织贷款的情况，如图3-19所示。

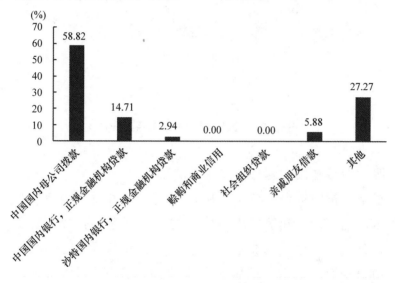

图3-19 企业融资来源分布

根据沙特中资企业有关"若没有申请过贷款选择最重要的三项因素"的电子问卷调查数据显示，有两个主要原因导致企业不考虑申请贷款，一是没有贷款需求，二是申请程序复杂，两项原因各占比超过70%，其次企业认为贷款担保要求过高的占比达到39.47%，还有一些其他原因也在企业的考虑范围内（占比26.32%），此外，银行利率过高、公司资产规模实力不够、缺乏贷款信息、需要特殊支付且难以负担等企业未申请贷款原因均占比超过10%，如图3-20所示。

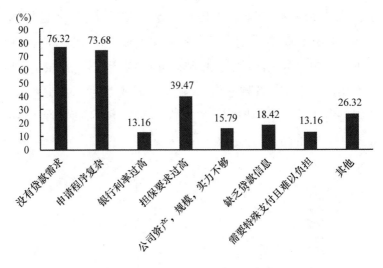

图 3 - 20　企业未申请贷款的原因分布

四　沙特基础设施与公共服务供给

根据沙特中资企业有关"从 2016 年以来企业有没有向当地提交过水、电、网、建筑使用申请"的电子问卷调查数据显示，按行业划分，工业企业提交水、电、网、建筑申请的比例均小于未提交申请企业的比例，就服务业企业而言亦是如此，且提交水、电、网、建筑申请的企业数占比均较低，如表 3 - 18 所示。

表 3 - 18　　按行业划分的企业提交水、电、网、建筑申请比例

	水（%）		电（%）		网（%）		建筑（%）	
	是	否	是	否	是	否	是	否
工业	31.58	68.42	38.89	61.11	45.00	55.00	30.00	70.00
服务业	16.67	83.33	21.05	78.95	21.05	78.95	11.76	88.24

五　中资企业在沙特的投资风险分析

（一）基本情况

针对企业在投资于沙特时，是否进行过投资或项目可行性考

察的情况，主要从行业分布、是否在经开区以及有无女性高管三个方面进行统计，如表3-19所示。从行业类型看，95%的工业企业和94.44%的服务业企业进行过可行性考察。从地理位置来看，不在经开区的企业均进行过可行性考察，位于经开区的企业中有83.33%进行过可行性考察，位于其他地区的企业也100%进行过可行性考察。在有女性高管的企业中88.89%的企业在项目开始前进行过可行性考察，没有女性高管的企业，也有96.55%的企业前期进行过可行性考察。

表3-19   企业是否进行过沙特投资的可行性考察状况

	有可行性考察（%）	无可行性考察（%）
工业	95.00	5.00
服务业	94.44	5.56
不在经开区	100.00	0.00
沙特经开区	83.33	16.67
其他	100.00	0.00
有女性高管	88.89	11.11
无女性高管	96.55	3.45

企业在前期考察时，考察的类别主要从市场竞争调查、外国直接投资法律法规、沙特宗教文化和生活习惯、劳动力素质和其他这五方面进行，如表3-20所示。首先就行业类别来看，100%的工业企业和94.12%的服务业企业都进行过市场调研；100%的工业企业和76.47%的服务业企业对外国直接投资法律法规进行过了解；此外沙特的传统也是不容忽视的因素，94.74%的工业企业和94.12%的服务业企业对其进行过考察；94.74%的工业企业和58.82%的服务业企业对沙特的劳动力素质进行过考察。就不同地区的企业来说，96%的

表3-20 企业投资前沙特考察类型

	市场竞争调查（%）		沙特外国直接投资法律法规（%）		沙特宗教、文化和生活习惯（%）		沙特劳动力素质（%）		其他方面考察（%）	
	否	是	否	是	否	是	否	是	否	是
工业	0.00	100.00	0.00	100.00	5.26	94.74	5.26	94.74	100.00	0.00
服务业	5.88	94.12	23.53	76.47	5.88	94.12	41.18	58.82	100.00	0.00
不在经开区	4.00	96.00	16.00	84.00	4.00	96.00	16.00	84.00	100.00	0.00
沙特经开区	0.00	100.00	0.00	100.00	10.00	90.00	30.00	70.00	100.00	0.00
其他	0.00	100.00	0.00	100.00	0.00	100.00	100.00	0.00	100.00	0.00
有女性高管	0.00	100.00	0.00	100.00	0.00	100.00	37.50	62.50	100.00	0.00
无女性高管	3.57	96.43	14.29	85.71	7.14	92.86	17.86	82.14	100.00	0.00

不在经开区的企业、100% 的位于经开区以及其他地区的企业，都进行过市场调研；84% 的不在经开区的企业、100% 的位于经开区以及其他地区的企业，对外国直接投资的法律法规进行过了解；96% 的不在经开区的企业，90% 的经开区企业，以及 100% 的其他地区的企业，对沙特宗教文化和生活习惯进行过考察。84% 的不在经开区企业和 70% 的经开区企业对劳动力素质比较关注。在有女性高管的企业当中，100% 的企业进行过市场调研，了解过外国直接投资法律法规，对传统习俗也比较关注，62.5% 的企业考察过劳动力素质；在无女性高管的企业中，96.43% 的企业进行过市场调研，85.71% 的企业了解过投资法律法规，92.86% 的企业对传统习俗比较关注，82.14% 的企业考察过劳动力素质。

考察期在一年以内的企业数量占比达 96.87%，如图 3-21 所示。大约 1/5 的企业开展可行性考察时会持续 3 个月，占比 21.88%。考察 1 个月和 5 个月的企业数量并列第二，各占 12.50%，此外考察时间为 2 个月、9 个月、10 个月和 12 个月的企业也比较多，各占 9.38%。考察 6 个月和 8 个月的企业也各自占到 6.25%。甚至还有少量企业开展调研达到 4 年，约占 3.13%。这表明不同企业的考察时长有所不同，对前期准备各有侧重。

关于企业对未来一年经营风险的预期，主要从员工工资增长、市场竞争上升、资源获取难度增加、研发后劲不足、政策限制加强、优惠政策效用降低或到期、政治环境变化、中资企业增多、产品或服务无话语权和其他 10 个方面考量，如表 3-21 所示。对工业企业和服务业企业而言，面临的最主要的风险包括：员工工资增长、市场竞争上升、政策限制加强、优惠政策效用降低或到期，以及中资企业增多。对不在经开区的企业来说，员工工资增长、市场竞争上升、中资企业增多是其在意的最主要的三个风险；对在沙特经开区的企业而言，市场竞争上升、政策限制加强、中资企业增多是其担忧的主要方面，而位于其他地区的企业则比较担心市场竞争上升、

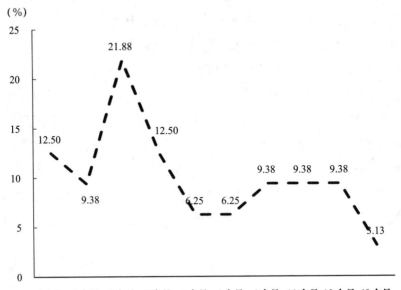

图 3 - 21　投资或项目可行性考察时长

研发后劲不足，以及中资企业增多。有女性高管的企业认为政策限制加强和中资企业增多是未来的主要风险，而没有女性高管的企业则更多地担忧员工工资增长、市场竞争上升，以及中资企业增多。

（二）市场竞争

根据沙特中资企业有关"公司竞争压力主要来源"的电子问卷调查数据显示，沙特中资企业竞争压力主要存在于第二产业和第三产业。就工业企业而言，被访公司中有 17.65% 表示其竞争压力主要来源于沙特同行，有 82.35% 表示压力主要来源于外资同行；对于服务业而言，42.86% 被访公司表示竞争压力来源于沙特同行，57.14% 企业表示压力来源于外资同行。不论是工业还是服务业，外资同行所带来的企业竞争压力都较大于沙特同行，如表 3 - 22 所示。

表3-21　企业未来一年经营风险主要方面及比重

	员工工资增长（%）	市场竞争上升（%）	资源获取难度增加（%）	研发后劲不足（%）	政策限制加强（%）	优惠政策效用降低或到期（%）	中资企业增多（%）	产品或服务无话语权（%）	其他方面（%）
工业	50.00	70.00	5.00	10.00	40.00	30.00	50.00	35.00	5.00
服务业	42.11	42.11	15.79	21.05	42.11	42.11	63.16	10.53	10.53
不在经开区	65.38	57.69	3.85	3.85	38.46	38.46	42.31	30.77	11.54
沙特经开区	8.33	50.00	25.00	33.33	50.00	33.33	83.33	8.33	0.00
其他	0.00	100.00	0.00	100.00	0.00	0.00	100.00	0.00	0.00
有女性高管	0.00	44.44	22.22	33.33	77.78	44.44	66.67	11.11	0.00
无女性高管	60.00	60.00	6.67	10.00	30.00	33.33	53.33	26.67	10.00

表 3 - 22 不同行业类别竞争压力的主要来源

	沙特同行（%）	外资同行（%）
工业	17.65	82.35
服务业	42.86	57.14

根据沙特中资企业有关 "2013 年后企业在同行业的竞争状况变化" 的电子问卷调查数据显示，沙特中资企业的竞争状况变化情况出现三种趋势，即更好经营、没有变化、竞争更激烈。具体按三个指标划分：按企业类型划分，工业和服务业企业认为竞争更激烈的受访者数量远远大于认为更好经营和没有变化的受访者数量；按是否在商务部备案划分，已备案企业有 12.50% 认为近五年来经营状况变好，20.83% 认为没有变化，66.67% 认为竞争更加激烈，未备案企业有 30.00% 认为更好经营，70.00% 认为竞争更加激烈；按企业是否加入沙特中国商会划分，加入沙特中国商会的企业均有 11.54% 认为竞争状况变好或没有变化，有 76.92% 认为竞争更加激烈，未加入沙特中国商会的企业 25.00% 认为竞争状况没有变化，认为更好经营和竞争更激烈的企业数各占 37.50%。总体上，被访企业大都认为沙特营商环境总体展现出市场竞争更为激烈的趋势，如表 3 - 23 所示。

表 3 - 23 近五年来企业的竞争状况变化情况

	更好经营（%）	没有变化（%）	竞争更激烈（%）
工业	15.79	15.79	68.42
服务业	17.65	17.65	64.71
商务部境外投资备案	12.50	20.83	66.67
未在商务部境外投资备案	30.00	0.00	70.00

	更好经营（%）	没有变化（%）	竞争更激烈（%）
加入沙特的中国商会	11.54	11.54	76.92
未加入沙特的中国商会	37.50	25.00	37.50

根据沙特中资企业有关"2016年以来本企业在生产经营的竞争方式变化"的电子问卷调查数据显示，沙特中资企业的竞争方式变化情况有五种形态，即没有变、价格竞争更激烈、质量竞争更激烈、广告战更激烈、其他。具体按三个指标划分：按行业类别划分，工业行业中35.00%认为没有变，35.00%认为价格竞争更激烈，25.00%认为质量竞争更激烈，服务行业中76.47%认为没有变，5.88%认为价格竞争和广告战更激烈，11.76%认为质量竞争更激烈；按是否在商务部备案划分，已备案企业有44.00%认为竞争方式没有变，32.00%认为价格竞争更激烈，20.00%认为质量竞争激烈，未备案企业有70.00%认为没有变化，20.00%认为质量竞争更激烈，10.00%认为广告战更激烈；按企业是否加入沙特中国商会划分，加入沙特中国商会的企业有44.44%认为竞争方式没有变化，有29.63%认为价格竞争更激烈，22.22%认为质量竞争更激烈，未加入沙特中国商会的企业75.00%认为竞争方式没有变化，各有12.50%认为质量竞争和广告战更激烈，如表3-24所示。

表3-24　　　　　　近五年来企业的竞争方式变化情况

	没有变（%）	价格竞争更激烈（%）	质量竞争更激烈（%）	广告战更激烈（%）	其他（%）
工业	35.00	35.00	25.00	0.00	5.00
服务业	76.47	5.88	11.76	5.88	0.00
商务部境外投资备案	44.00	32.00	20.00	0.00	4.00

续表

	没有变（%）	价格竞争更激烈（%）	质量竞争更激烈（%）	广告战更激烈（%）	其他（%）
未在商务部境外投资备案	70.00	0.00	20.00	10.00	0.00
加入沙特的中国商会	44.44	29.63	22.22	0.00	3.70
未加入沙特的中国商会	75.00	0.00	12.50	12.50	0.00

（三）公共服务

关于劳动者工作签证的办理周期，一般来说，97.22%的劳动者办理工作签证需要1年，但也有少数劳工花费了5年时间。说明沙特出于安全考虑和外籍劳工管理的因素影响，工作效率各有不一，如图3-22所示。

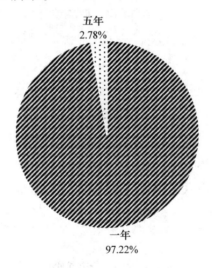

图3-22 劳动者工作签证的办理周期

关于雇用工人签证续签时间如表3-25所示，花费时间排名前三的是15天（25.71%）、30天（20.00%）和7天（14.29%）。签证续签最少花费1天占比8.57%，最多三个月占比2.86%。总体看，花费时间15天以上的超过50%，影响这一时间的主要原因能是劳工汇款、境外滞留、工作效率和身份的核查等因素。

表3-25　　　　雇用工人办理签证续签平均需要花费的时间

	频数（天）	百分比（%）
1	3	8.57
3	2	5.71
5	1	2.86
6	1	2.86
7	5	14.29
10	4	11.43
15	9	25.71
20	1	2.86
30	7	20.00
45	1	2.86
90	1	2.86
总计	35	100.00

工人办理证件需要支付的平均费用如表3-26所示。50.00%的工人平均花费7200里亚尔，11.76%的工人花费20000里亚尔，还有8.82%的工人花费8000里亚尔。不同个体花费不同，最高花费24000里亚尔，最低花费1200里亚尔。可以看出，雇用工人办理证件的费用，85%以上高于7200里亚尔，整体偏高。

表3-26　　　　雇佣工人办理证件需要支付的平均费用

平均费用（沙特里亚尔）	频数	百分比（%）
1200	1	2.94
2000	1	2.94

续表

平均费用（沙特里亚尔）	频数	百分比（%）
3500	1	2.94
6000	1	2.94
7200	17	50.00
8000	3	8.82
9000	1	2.94
9850	1	2.94
10000	2	5.88
18500	1	2.94
20000	4	11.76
24000	1	2.94
总计	34	100.00

针对沙特中资企业是否对安全生产有额外支付，各行业、地区和类型的企业表现不一，如表 3 - 27 所示。工业企业中 38.89% 的企业有额外的安全生产支付，而服务行业仅有 26.32% 的企业有安全生产额外支付。经开区有额外安全生产支付的企业占比达 45.45%，不在经开区的企业中有额外安全生产支付的占 24.00%，位于其他地区的企业全部有安全生产额外支出。有女性高管的企业中 55.56% 的企业有安全生产额外支付，无女性高管的企业只有 25.00% 的企业有额外支付。

表 3 - 27　　　　　　　　　企业安全生产额外支付

	安全生产有额外支付（%）	安全生产无额外支付（%）
工业	38.89	61.11
服务业	26.32	73.68
不在经开区	24.00	76.00
沙特经开区	45.45	54.55

	安全生产有额外支付（%）	安全生产无额外支付（%）
其他	100.00	0.00
有女性高管	55.56	44.44
无女性高管	25.00	75.00

就偷盗损失状况来看，沙特的治安环境总体较好，如表3-28所示。在工业企业中有5.00%的企业遭受过偷盗，服务行业中没有企业遭受过偷盗。3.85%的不在经开区的企业发生过偷盗事件，而位于经开区以及其他地区的企业没有遭受过偷盗。在被调研的企业中，有女性高管的企业没有遭受过偷盗，无女性高管的企业中有3.33%曾遭受过偷盗。

表3-28　　　　　　　　企业偷盗损失状况

	发生过偷盗损失（%）	未发生偷盗损失（%）
工业	5.00	95.00
服务业	0.00	100.00
不在经开区	3.85	96.15
沙特经开区	0.00	100.00
其他	0.00	100.00
有女性高管	0.00	100.00
无女性高管	3.33	96.67

（四）劳动力市场

针对企业招聘遇到的问题，主要从求职者过少、缺乏所需技能、期望薪酬过高、对工作条件不满和交流困难五方面进行调查，如表3-29所示。不管是工业还是服务业，企业遇到的最主要的问题都是劳动者缺乏所需技能，其次是劳动者期望薪酬过高和对工作条件不满。这三个问题也是不在经开区的企业面临的主要问题。而对位于经开区的企业来说，除了劳动者缺乏所需技能这一项以外，其他四个问题也都遇到过。同样地，无论企业是否有自身工会，劳动者缺乏所需技能、劳动者期望薪酬过高和对工作条件不满依然是企业遇到的最主要的问题。

表 3-29 企业招聘遇到的问题类型

	求职者过少（%）	缺乏所需技能（%）	期望薪酬过高（%）	对工作条件不满（%）	交流困难（%）
工业	15.00	45.00	42.11	31.58	21.05
服务业	16.67	44.44	31.58	26.32	15.79
不在经开区	12.00	44.00	40.00	32.00	16.00
沙特经开区	25.00	50.00	33.33	25.00	25.00
其他	0.00	0.00	0.00	0.00	0.00
有自身工会	14.29	71.43	42.86	42.86	28.57
无自身工会	16.13	38.71	35.48	25.81	16.13

在企业中难免会遇到劳资纠纷问题，根据调研问卷，企业处理纠纷的持续时间如图 3-23 所示。85.71% 的企业在日常的经营和管理中都非常注意这方面问题，没有遇到过此类问题或者能够迅速解决。11.43% 的企业在处理劳资纠纷时通常会在 1—7 天内解决，持续 7 天以上的仅占 2.86%。通过调研了解，沙特的大部分中资企业在与劳动者签订劳动协议时都能较好地明确劳资关系内容并履行合同，同时在日常管理中尽量避免不必要的纠纷，对无端闹事者诉诸法律途径。因此，总体看沙特绝大多数中资企业都能较好的处理劳资纠纷。

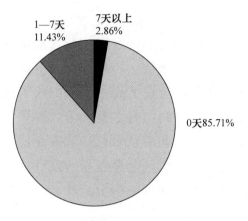

图 3 - 23　最长劳动争议的持续时间

　　大部分在沙中资企业都能够遵守法律法规，合法经营，并在经营中尽量将劳动争议控制在小范围，妥善解决。如图 3 - 24 所示，85.30% 的企业没有遇到过劳动争议。14.7% 的企业遇到过劳资纠纷，这其中争议规模涉及 1—5 人的情况占 8.82%，规模超过 5 人的劳动争议占 5.88%。

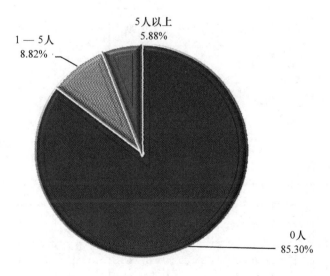

图 3 - 24　影响最大的劳动争议涉及人数

关于企业发生劳动争议的原因，主要从以下七个方面考察：工资纠纷、社会保障纠纷、劳动合同纠纷、雇用外籍员工引发冲突、不满现有的安全生产条件、环境和资源保护力度不足和其他原因。在工业企业，劳动争议主要由工资纠纷和劳动合同纠纷造成。在服务业企业，工资纠纷是主要的争议原因。不在经开区的企业劳动争议主要因工资和劳动合同造成，在经开区的企业工资纠纷是主要的争议原因。无论企业是否有女性高管，或者是否有自身工会，工资纠纷和劳动合同纠纷依然是最主要的劳动争议原因，如表3－30所示。

表3－30　　　　　　　　企业产生的劳动争议的原因

	工资纠纷（％）	社会保障纠纷（％）	劳动合同纠纷（％）	雇用外籍员工引发冲突（％）	不满现有的安全生产条件（％）	环境和资源保护力度不足（％）	其他原因（％）
工业	50.00	0.00	16.67	0.00	0.00	0.00	0.00
服务业	75.00	0.00	0.00	0.00	0.00	0.00	0.00
不在经开区	83.33	0.00	16.67	0.00	0.00	0.00	0.00
沙特经开区	25.00	0.00	0.00	0.00	0.00	0.00	0.00
有女性高管	50.00	0.00	0.00	0.00	0.00	0.00	0.00
无女性高管	66.67	0.00	16.67	0.00	0.00	0.00	0.00
有自身工会	66.67	0.00	0.00	0.00	0.00	0.00	0.00
无自身工会	57.14	0.00	14.29	0.00	0.00	0.00	0.00

关于近三年劳动争议解决的途径，主要有与行业工会谈判解决、当地警察协助解决、中国商会居中调停、法律途径和其他途径，如表 3-31 所示。在工业和服务业中，大多数劳动争议都诉诸法律途径或其他办法。工业企业走法律途径的占到 50.00%，其他途径的占 33.33%。服务业中 50.00% 的企业会选择法律途径，25.00% 的企业会选择其他途径，还有 25.00% 的企业与行业工会谈判解决。不在经开区的企业通过法律途径和其他途径解决争议的各占 50.00%。在沙特经开区，选择与行业工会谈判解决的企业占 25.00%，选择走法律途径的占 50.00%。在有女性高管的企业中，25.00% 的企业会与行业工会谈判，25.00% 的企业会选择法律途径，58.33% 的企业会通过其他方式解决。在无女性高管的企业，通过法律途径解决的占 66.67%，同时通过其他途径解决的占 50.00%。在有自身工会的企业中，通过法律途径和其他途径解决的各占 33.33%。在没有自身工会的企业，有 14.29% 的企业会选择与行业工会谈判，57.14% 的企业会寻求法律途径，28.57% 的企业会通过其他途径解决。这表明，法律途径仍是大多数企业处理争议的主要途径，通过其他方式和与行业工会谈判解决的也比较多，没有企业愿意警察介入，也没有企业选择中国商会居中调停。

（五）影响生产经营的因素

根据沙特中资企业有关"劳动力市场规制政策妨碍公司当前生产经营的程度"的电子问卷，按行业划分调查数据显示，各有 21.05% 的工业企业认为劳动力市场规制政策有一点妨碍或较大妨碍公司当前生产经营，有 5.26% 的工业企业认为劳动力市场规制政策非常严重妨碍公司当前生产经营，超过半数（52.63%）的工业企业认为劳动力市场规制政策中等妨碍公司当前生产经营，对于服务业企业，均有 10.53% 的企业认为劳动力市场规制政策没有妨碍或非常严重妨碍公司当前生产经营，呈现出两极化

表3-31 企业近三年劳动争议解决途径

	与行业工会谈判解决(%)		当地警察协助解决(%)		中国商会居中调停(%)		法律途径(%)		其他途径(%)	
	是	否	是	否	是	否	是	否	是	否
工业	0.00	100.00	0.00	100.00	0.00	100.00	50.00	50.00	33.33	66.67
服务业	25.00	75.00	0.00	100.00	0.00	100.00	50.00	50.00	25.00	75.00
不在经开区	0.00	100.00	0.00	100.00	0.00	100.00	50.00	50.00	50.00	50.00
沙特经开区	25.00	75.00	0.00	100.00	0.00	100.00	50.00	50.00	0.00	100.00
有女性高管	25.00	75.00	0.00	100.00	0.00	100.00	25.00	75.00	58.33	41.67
无女性高管	0.00	100.00	0.00	100.00	0.00	100.00	66.67	33.33	50.00	50.00
有自身工会	0.00	100.00	0.00	100.00	0.00	100.00	33.33	66.67	33.33	66.67
无自身工会	14.29	85.71	0.00	100.00	0.00	100.00	57.14	42.86	28.57	71.43

的情况，有21.05%的企业认为劳动力市场规制政策中等妨碍公司当前生产经营，超过半数（57.89%）的企业认为劳动力市场规制政策有一点妨碍公司当前生产经营。从图中可看出，就工业和服务业两种行业类型而言，劳动力市场规制政策对其的影响程度存在较大的差异。总体看，对工业的影响大于对服务业的影响。如图3－25所示。

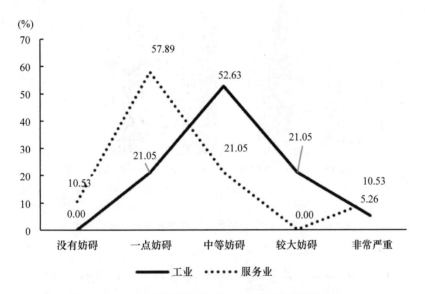

图3－25　不同行业类型劳动力市场规制政策影响程度

根据沙特中资企业有关"员工素质妨碍公司当前生产经营的程度"的电子问卷，按行业划分的调查数据显示，工业行业认为员工素质妨碍公司当前生产经营程度分布在一点妨碍到较大妨碍之间，各有35%的工业企业认为员工素质有一点妨碍或较大妨碍公司当前生产经营，30%的工业企业认为员工素质中等妨碍公司当前生产经营，对于服务业企业，有15.79%的企业认为员工素质没有妨碍公司当前生产经营，有26.32%的企业认为员工素质有一点妨碍公司当前生产经营，36.84%的企业认为员工素质中等妨碍公司当前生产经营，21.05％的企业认为员工素质较大妨碍公司当前生产经营。综上，对工业和服务业而言，员工素质对其生产经营的影响程度较大，如图3－26所示。

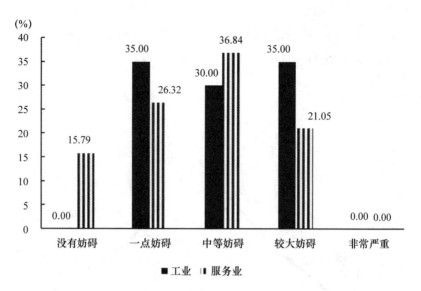

图3－26　不同行业类型员工素质妨碍生产经营的程度

　　根据沙特中资企业有关"专业技术人员招聘难度妨碍公司当前生产经营的程度"的电子问卷，按行业划分的调查数据显示，有10.00％的工业企业认为专业技术人员招聘难度对公司当前生产经营没有妨碍，35％的工业企业认为专业技术人员招聘难度有一点妨碍公司当前生产经营，30.00％的工业企业认为专业技术人员招聘难度中等妨碍公司当前生产经营，20.00％的工业企业认为专业技术人员招聘难度较大妨碍公司当前生产经营，还有5.00％的工业企业认为专业技术人员招聘难度非常严重妨碍公司当前生产经营；对于服务业企业，有16.67％认为专业技术人员招聘难度没有妨碍公司当前生产经营，有38.89％的企业认为专业技术人员招聘难度有一点妨碍公司当前生产经营，16.67％的企业认为专业技术人员招聘难度中等妨碍公司当前生产经营，22.22%的企业认为专业技术人员招聘难度较大妨碍公司当前生产经营，5.56%的企业认为专业技术人员招聘难度非常严重妨碍公司当前生产经营。综上，对工业和服务业而言，专业技术人员招聘难度对其生产经营都主要有一点妨碍，工业企业的中等妨碍高于服务行业，说明专业技术人员对于工业企业的重要性大于服务业企业，如图 3-27 所示。

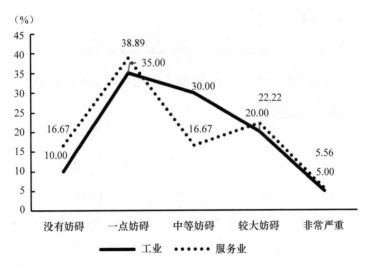

图 3-27 不同行业类型专业技术人员招聘难度妨碍生产经营的程度

根据沙特中资企业有关"管理人员招聘难度妨碍公司当前生产经营的程度"的电子问卷，按行业划分的调查数据显示，有10.00%的工业企业认为管理人员招聘对公司当前生产经营没有妨碍，40.00%的工业企业认为管理人员招聘有一点妨碍公司当前生产经营，35.00%的工业企业认为管理人员招聘中等妨碍公司当前生产经营，15.00%的工业企业认为管理人员招聘较大妨碍公司当前生产经营；对于服务业企业，有21.05%认为管理人员招聘没有妨碍公司当前生产经营，有31.58%的企业认为管理人员招聘有一点妨碍公司当前生产经营，36.84％的企业认为管理人员招聘中等妨碍公司当前生产经营，10.53％的企业认为管理人员招聘较大妨碍公司当前生产经营。从图中数据可以看出，对工业和服务业而言，管理人员招聘对其生产经营都存在一定程度的妨碍，但不存在非常严重妨碍的状况，如图3-28所示。

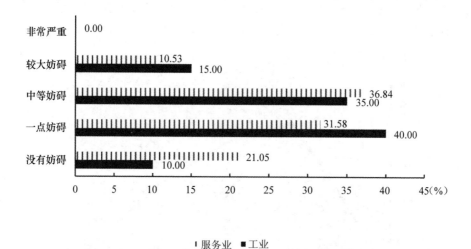

图3-28　不同行业类型管理人员招聘难度妨碍生产经营的程度

根据沙特中资企业有关"技能人员招聘难度妨碍公司当前生产经营的程度"的电子问卷，按行业划分的调查数据显示，有10.00％的工业企业认为技能人员招聘难度对公司当前生产经营没有妨碍，25.00％的工业企业认为技能人员招聘难度有一点妨碍公司当前生产经营，35.00％的工业企业认为技能人员招聘难度中等妨碍公司当前生产经营，25.00％的工业企业认为技能人员招聘难度较大妨碍公司当前生产经营，还有5.00％的工业企业认为技能人员招聘难度非常严重妨碍公司当前生产经营；对于服务业企业，有16.67％认为技能人员招聘难度没有妨碍公司当前生产经营，有38.89％的企业认为技能人员招聘难度有一点妨碍公司当前生产经营，22.22%的企业认为技能人员招聘难度中等妨碍公司当前生产经营，16.67%的企业认为技能人员招聘难度较大妨碍公司当前生产经营，5.56%的企业认为技能人员招聘难度非常严重妨碍公司当前生产经营，如图3-29所示。

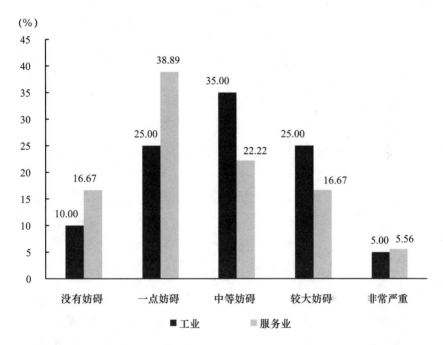

图3-29　不同行业类型技能人员招聘难度妨碍生产经营的程度

关于税率因素对不同行业生产经营的妨碍程度的影响，工业和服务业的表现具有较强的一致性，如图3-30所示。占比52.63%的工业企业和63.16%的服务业企业认为税率对企业生产经营有一点妨碍，达到各自行业总数的一半以上。再者，超过五分之一的企业认为税率对企业生产经营属于中等妨碍，两个行业占比均达到21.05%。在工业行业中，认为税率对企业生产经营没有妨碍和非常严重妨碍的企业数量各占10.53%；此外还有5.26%的企业认为税率有较大妨碍，占比最小。在服务业中，10.53％的企业认为税率有较大妨碍；5.26％的企业认为没有妨碍；没有企业认为税率对企业生产经营影响非常严重。

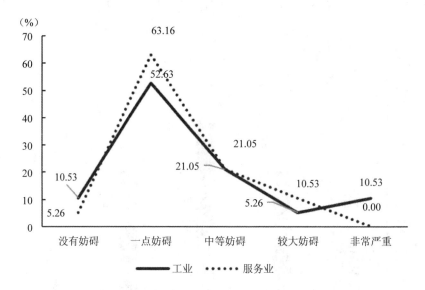

图 3-30　按行业划分的税率妨碍企业生产经营的程度

关于税收征收对不同行业生产经营的妨碍程度的影响，工业和服务业的态度基本一致，如图 3-31 所示。认为税收征收对企业生产经营有一点妨碍的企业数量最多，两个行业均占比达到一半以上，其中工业行业的企业数量占比达到 57.89％，服务行业达到 52.63％。工业和服务行业中均有 15.79％的企业认为没有妨碍；工业行业中，15.79％的企业认为税收中等妨碍企业经营，认为有较大妨碍和非常严重妨碍的各占 5.26％。服务行业中 21.05％的企业认为税收中等妨碍企业经营，10.53％的企业认为较大妨碍，没有企业认为税收非常严重地妨碍了企业生产经营。

关于工商许可对不同行业生产经营的妨碍程度的影响，没有一种观点超过半数，如图 3-32 所示。在工业行业中，42.11％的

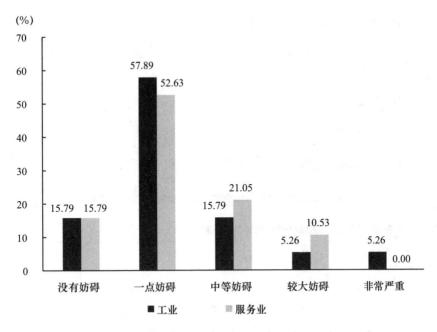

图 3 - 31 按行业划分的税收征收妨碍企业生产经营的程度

企业认为工商许可有一点妨碍企业生产经营，26.32% 的企业认为没有妨碍到企业运营，21.05% 的企业认为中等妨碍，认为较大妨碍和非常严重妨碍的各占 5.26%。在服务行业中，47.37% 的企业认为工商许可有一点妨碍企业经营，认为中度妨碍和较大妨碍的企业各占 21.05%，认为没有妨碍和非常严重妨碍经营的企业各占 5.26%。

关于土地许可对不同行业生产经营的妨碍程度的影响，双方从没有妨碍到非常严重妨碍均呈下降趋势，如图 3 - 33 所示。其中，工业较服务业来说，生产经营较为容易，最高程度仅为中等妨碍且占比刚超过 1/10 为 10.53%。52.63% 的工业企业认为土地许可不妨碍其生产经营，36.84% 的企业认为有一点妨碍，没有企业认为土地许可对其影响很大；服务行业则对土地许可表现出较多担忧，认为没有妨碍和有一点妨碍的各占 36.84%，

15.79%的企业认为中等妨碍，另外还有10.53%的企业认为土地许可对其生产经营有较大的影响，但不至于非常严重。

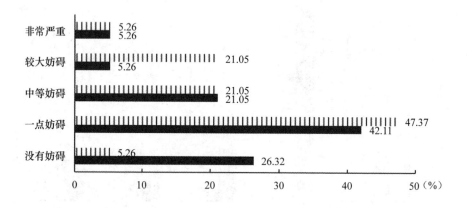

图3-32 按行业划分的工商许可妨碍企业生产经营的程度

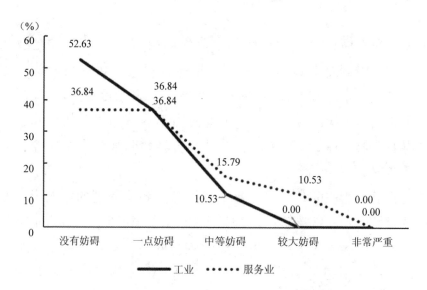

图3-33 按行业划分的土地许可妨碍企业生产经营的程度

第四章

沙特阿拉伯中资企业的社会责任

作为中国在沙特的"形象代言人",中资企业主动履行社会责任不但是大国风范的彰显,同时也是企业提升国际竞争力和实现国际化发展的重要途径。从调查结果来看,为了顺利取得合法经营权、确保工作有效开展,以及更好地融入沙特社会,大多数中资企业都较为积极且主动地履行社会责任,不仅取得了良好的社会反响,而且也促进了与当地政府部门伙伴关系的建立。但限于对沙特社会文化的理解深度不足,以及自身条件限制等诸多因素的影响,中资企业在沙特的社会责任履行情况和社会期望还存在一定差距,广大走入沙特的中资企业仍然需要在履行社会责任的方式、活动的内容等方面继续探索研究,并不断加以完善。

第一节 沙特阿拉伯中资企业社会责任履行情况

随着"一带一路"倡议的推进以及沙特"2030愿景"的推出,越来越多的中资企业走进了这个古老又神秘的伊斯兰国度。然而,不论是国内经营还是海外发展,企业在追求经济利益的同时,还需要充分考虑到社会责任的履行,只有树立了良好的社会形象,获得了社会的充分认可,才能实现自身的可持续发展。根据问卷调查结果，本节将主要对受访中资企业社会责任履行程度进行说明，并且选择一些在社会责任履行方面具有突出表现和成就的企业进行案例分析，以期对驻沙中资企业的社会责任履行情况有一个基本展现。

一 受访中资企业社会责任履行情况

企业社会责任是企业在创造经济利益、对股东和员工承担法律责任的同时，对产品消费者、企业所处社区和环境保护所承担的责任，它强调在生产和经营过程中，企业必须摒弃把利润作为唯一目标的传统理念，更要考虑为社会和人类发展做出贡献。从具体内容上来看，社会责任的履行包括工作环境优化与创造就业、环境保护与社区建设、缓解贫富差距与消除社会不安定隐患等多个方面。对于海外经营的广大中资企业来说，社会责任的履行还与弘扬中国文化和树立国家形象有密切联系。面对沙特特殊的社会文化和政治经济改革推行的步伐和节奏，中资企业在沙特的社会责任履行情况究竟如何呢？以下就首先基于调查结果对受访中资企业社会责任履行程度进行分析。

（一）履行概况

基于我国对企业"走出去"的鼓励和支持，以及沙特对外商投资管控的逐步放宽，中国企业在沙特投资的领域已逐渐从石油石化产业拓展到了对当地经济、自然环境及人民生活有重大影响的各个领域。随着中沙关系日益紧密，双方合作的空间将会不断扩大，除了铁路、港口、能源等基础设施建设领域外，住房、医疗和教育以及文化产业的合作机会也逐步增加，而中国企业社会责任的履行将是实现合作的基础，同时也是企业在沙特长远发展的保障。

从调查结果来看，沙特中资企业目前在履行社会责任方面总体上呈良好态势，尤其是国有大型企业，凭借自身的资金实力、管理经验和对沙特社会的深入了解，在社会责任履行方面的表现可圈可点，通过各种形式让当地人民和政府看到了中国企业的社会担当，赢得了沙方的尊重和认可，并且建立了中沙之间相互了解相互接受的桥梁，真正切合了"一带一路"政策沟通、设施联通、贸易畅通、资金融通和民心相通的主旨。然而，少数中小企业对社会责任概念模糊、不能积极主动承担责任，绝大部分的企业社会责任履行方式单一，以及履行社会责任时受到中沙文化差异的影响，未能收到良好的效果等情况仍然是企业亟须作出调整和改进的问题。

（二）问卷数据分析

根据问卷调查结果，以及在沙特实地走访利雅得、吉达、延布、达曼4个城市的多家企业的结果，我们发现，绝大部分中国企业的社会责任履行方式是直接捐款捐物，对于技术援助、教育和培训等社会服务重视不够。在开展相关活动时随意性较强，缺乏专门规划和专人负责，对国际惯例和规范的贯彻执行没有监管和评估，经常只做不说，对宣传工作重视不够，导致社会责任的履行和本地员工希望的类型之间存在一定差距，未能收到预期的积极效果。

从问卷调查数据来看，沙特中资企业履行的社会责任主要包括教育援助、培训项目、基础设施援助、修建寺庙、文化体育设施援助、文化交流活动、社会服务设施、实物形式的公益慈善和直接捐钱，具体内容如图4-1所示。这些与当地民众的生活息息相关的社会责任都在一定程度上对塑造中国及中国企业的良好形象起到了促进作用，方便企业在当地进行项目的开展和实施。但是存在的问题也是需要引起足够的重视的。从图中我们可以看出，文体交流活动所占总比例为43.75%，以直接捐钱和实物的慈善行为所占比例为43.75%，教育援助所占比例为31.25%，培训援助占比25.00%，水利设施和文化体育设施两项占比均为

12.50%，卫生援助和修建寺庙没有占比。文体交流活动占比43.75%，这说明大部分企业意识到在两国文化差异背景下营造一种轻松愉快的工作氛围更能激发外籍员工对中国企业和中国文化的认同，而和谐的环境能最大限度地提升工作热情和工作效率，这是值得肯定和需要继续做好的方面。另外，以直接捐钱和实物的慈善行为所占总比例43.75%说明部分中资企业社会责任的履行仍处在低端的直接援助阶段。众所周知，沙特是一个高度依靠石油资源的富裕国家，2010年至2015年，沙特石油产业的产值占GDP的平均比重高达44.17%，将近占据沙特经济总量的一半，而石油出口也是沙特外汇收入的主要来源，2010年至2015年，沙特石油产品出口约占出口总额的84.17%。沙特政府的财政收入也主要依靠石油产业，2010年至2015年，沙特的石油收入平均占国家财政收入达87.5%[①]。石油出口带来的巨大财富使得政府能够给沙特人民提供良好的社会福利，虽然自2014年国际油价下跌以来沙特财政一度吃紧，但总体上国民生活水平仍比较高，这个大前提下就要求企业应该站在更高的层次履行社会责任。

图4-1显示，企业对于高端的技术援助例如教育援助和培训项目相对欠缺，教育援助占比31.25%，培训项目仅占25.00%，但从实际调研情况来看，这两方面正是沙特当地人迫切需要的社会服务。当然，部分企业已经意识到并且做出了很好的尝试，例如后文将提到的某石化企业就是一个很好的样板。另外，基础设施、水利设施和文体设施均占12.50%，虽然从数字上来看占比较低，但从沙特的实际国情来看，沙特的基础设施建设和人民生活水平都远高于世界上很多欠发达地区，基础设施已具有一定的规模和水平，因而在这一方面对其他国家或者外资企业援助需求

---

① 李晓莉：《"一带一路"背景下中国在沙特阿拉伯的投资推进》，《江苏商论》2017年第12期。

较低。限于企业在卫生援助方面的经验欠缺和能力所限，以及沙特的医疗水平和资源的丰富程度，当前此项内容虽然尚处空白，但从长远看，其必要性仍较强。沙特作为伊斯兰世界的精神中心，当地政府每年都对宗教设施有较多投入，所有街道，任何公共场所都有清真寺或礼拜室，这从客观上决定了其社会对于修建清真寺或礼拜室的需求并不强烈。另一方面由于中沙两国宗教文化的差异，很多中国企业对在当地修建寺庙的情况并不掌握，因此更愿意选择援建学校和捐资助学的形式来履行社会责任。

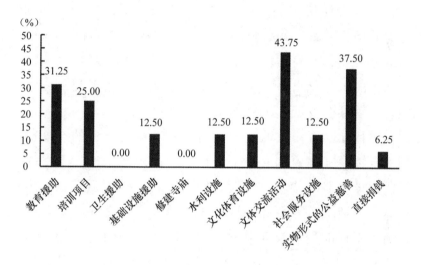

图 4-1　企业各项社会责任履行程度

二　履行社会责任的典型范例

2018 年中资企业协会的统计数据显示，在沙中资企业（不包括华商分会的企业）已经达到了 120 家，这其中不乏很多在沙特深耕十多年的"老沙特"，而这些企业很多在社会责任履行方面也走出了自己的特色之路。作为在沙中资企业履行社会责任的缩影，以及今后进入沙特的中资企业的榜样，以下选取了调研中走访的几个典型企业进行分析。

（一）某电力建设企业

该公司成立于1985年，公司致力于为客户打造质量最优、工期最短、经济技术指标最好的工程项目，现已成功进入尼日利亚、印度、巴基斯坦、孟加拉国、沙特、阿曼、约旦、埃及、伊拉克以及东南亚23个国家和地区。公司连续8年入选美国《工程新闻纪录》（ENR）"250强国际总承包商"榜单。[①]

该公司凭着自身过硬的实力和技术以及公司和国际接轨的质量认证体系，使其海外业务不断拓展的业务不断拓展，规模也逐年扩大。进入沙特市场十年，先后承建了7个大型工程项目、1个变电站项目、2个海水淡化等项目。本次调研走访了利雅得和延布的分公司，亲身体验到了公司从上到下的严谨管理和在海外运作项目的国际化水平，真正体现了"缔造精品工程，成就客户愿望，带动社会发展"的企业使命。

在履行社会责任方面，该公司秉承对项目负责的态度，从规划到实施都是在高效的管理下进行的。从外部来说，项目的顺利开展既保证了对沙特城市建设和发展做出积极的贡献，还能解决当地就业，造福一方百姓。从企业内部来说，良好的企业文化理念让员工不仅能最大限度地发挥自己的才干，同时还能跟着企业一起成长和进步。其次是对客户负责，能充分考虑到客户的需求，一切从客户的角度考虑，出现问题时能及时有效地和客户沟通并妥善处理，甚至在客户资金紧张时也能找到协调的办法，赢得了客户的高度赞誉。

以该公司承建的沙特西部某电厂为例，该电厂开工时间为2009年7月1日，竣工时间为2013年4月1日，历时将近四年。在高温、高湿以及多风沙的恶劣条件下，凭借着丰富的经验和有效的管理，

---

① 《企业简介》，山东电力建设第三工程有限公司（http://www.sepco3.com/cn/about.aspx）。

把设计施工难度非常大的项目保质保量地完成，并且获得多个国内外奖项，这中间的每一个环节都渗透了企业高度的社会责任理念，实现了经济、社会、环境的可持续发展。

1. 经济可持续发展

项目本地化采购金额较高，采购设备类物资约7000万美元，材料类物资8660万美元，本地化采购率54%。项目有效推动了当地电站配套设施的升级，带动了运输、制造等行业的发展；项目运作刺激了当地消费，为当地政府上缴大量税款，工程为项目所在地拉比格的整体经济增长做出了突出贡献。[①]

2. 社会可持续发展

项目部重视员工培训，组织技术和管理人员学习国际标准和沙特法律法规；定期召开例会对各部门培训工作进行检查、督促和评价。项目期间，雇用员工6800人，其中的97%为当地雇员，有效拉动了当地就业。项目部积极为周边社区提供力所能及的服务，包括定期慰问当地困难家庭并提供经济援助、与业主联合组织义诊和送药活动等。上述活动提升了社区对公司的信任，当地政府部门也帮助项目部解决各类问题，提高了项目施工效率。[②]

3. 环境可持续发展

项目部严格执行国际标准和地方法律法规，制定了《环境管理方案》并严格执行，项目连续13次高标准通过第三方环境检测机构"5Capitals"的环境评估；同时，项目部制定了《废弃物处理制度》《土壤质量控制制度》《噪声控制管理制度》《海洋监

---

① 《履行企业社会责任铸就精品电力项目——沙特拉比格独立电厂2×660MW机组工程》，中国对外承包工程商会（http：//www.chinca.org/hdhm/news_detail_3395.html）。

② 同上。

测制度》等一系列规范性制度；固体废弃物安全处置率和固体废弃物循环利用率均达到了100%。

在项目设计阶段，项目部对温室气体排放具体方案进行综合考虑，在保证技术和财务可行的情况下采用可再生或低碳能源等举措，使项目温室气体排放量符合当地排放标准。在项目建设期间，项目部通过制定绿色施工方案、优化机组性能指标、排放指标等措施，提高能源转化效率以降低对能源的需求，减少化石燃料的消耗与二氧化碳排放。同时，项目部严禁在施工现场燃烧废弃物，严格限制汽车尾气的排放，定期对施工现场路面进行洒水降尘，保证温室气体含量维持在较低水平。[①]

访问中能看到公司各部门都有条不紊地运作，管理人员的受教育程度和对公司的认同度都很高，积极履行社会责任不是口号，而是实实在在地体现在每一个工作环节，也体现在每一个员工身上。调查数据显示所有的员工对能在该公司就职感到自豪，认为公司的发展前景良好，对中国文化也有很高的认同，这是中资企业履行社会责任比较成功的范例。

（二）某工程企业

该公司是世界500强企业的全资子公司，目前在世界各地设有80多个分（子）公司和办事处，业务涵盖90多个国家和地区。自从2007年进入沙特市场以来，先后承建了吉达红海门、扎瓦尔港、吉赞取排水、沙特巴林大桥人工岛等三十多个港口及市政基础设施建设大型项目。该公司以"感知责任、优质回报、合作共赢"为公司核心价值观，依托团队、技术、设备、人才、管理优势，在国际市场赢得了良好声誉，为沙特经济发展做出了积

---

① 《履行企业社会责任铸就精品电力项目——沙特拉比格独立电厂 2×660MW 机组工程》，中国对外承包工程商会（http://www.chinca.org/hdhm/news_detail_3395.html）。

极贡献，是沙特当地优秀的中资企业代表。

本次对该公司在沙特沿海城市达曼的项目部进行了调研，该公司对社会责任的履行主要表现在以下几个方面：

1. 自身履约意识强

企业进驻后，遵守沙特法律和当地政策法规，按照行业标准开展项目，积极主动配合政府的工作，严格约束自己，有良好的责任意识。

2. 高指标解决就业

长期以来，沙特的财政收入主要依靠能源出口，面对油价下跌的现状，政府推出了一系列旨在促进经济多元化发展的改革举措，为了鼓励国民学习技能，提高就业率，政府对外资企业按照不同行业规定了不同比例的沙化率，也就是说企业必须招聘相应比例的沙特人就职才能通过各项考核和评估。鉴于沙特的特殊国情，大部分沙特人一般不愿意从事艰辛的工作，有的也没有能力从事技术含量高的工作，完成这一任务对于很多企业来说都是不容易的。该公司采取积极的应对措施，给予员工一系列激励政策让员工掌握技能，让其成为可以为企业发展做出贡献的人才，同时通过开展一些文体活动让外籍员工能更好地融入企业大家庭，愿意长期留在企业发展，使得公司沙籍员工比例能够长期稳定地达到政府要求的最高标准。

3. 有效捐款

沙特的社会背景和文化有着自己的特色，政府对企业尤其是外资企业的监管有一套完整的体系，企业的生产经营都有严格标准。捐款作为社会责任重要的部分自然也不能是企业的单方面行为，捐什么、捐多少、什么时候捐都要和政府协商。鉴于此，该公司在这方面设有专门的部门负责和政府对接，确保在政府指导下的捐赠能收到最大效益。

4. 制度保障

为了保障社会责任能持续有效地履行，该公司制定了项目利润的 0.5%—1% 用于慈善事业的政策。并根据利润空间调整额度，尽可能最大限度地回报社会。

5. 积极开展社会服务

调查数据显示，沙特亟须就业以及文化培训，基于此，该公司定期给当地大学生和青年进行相关培训以提升就业能力，受到了社会的广泛赞誉。

6. 融入当地文化

沙特是伊斯兰国家，斋月是穆斯林完成宗教功课的重要时期。企业在当地生产经营也感受到浓厚的伊斯兰文化氛围，每年的斋月都会在清真寺发放物资。对阿拉伯文化的充分尊重不仅体现了良好的企业国际公民素质，而且有利于提升沙籍员工对企业的认同度。

7. 重视媒体宣传

在信息化时代，企业履行社会责任离不开媒体的宣传，适当的宣传既能让企业履行社会责任的受众更广泛更精准，同时还能收到事半功倍的效果。在这一方面，该公司通过当地报纸、网络对公益活动和慈善捐赠及时进行宣传，对树立品牌形象起到了助推作用，而良好的经营环境和品牌效应又会给企业带来更大的收益。

（三）某石化企业

该企业作为中国石化产业的龙头和最早进驻到海湾国家的央企，在履行企业社会责任方面也起到了以身作则的榜样作用。

2019 年 8 月 15 日，该企业在沙特阿拉伯东部省首都达曼正式发布《＊＊石化服务"一带一路"可持续发展报告——某石化集团在沙特阿拉伯》。这是中国企业首次在沙特发布相关报告，展现了该企业在沙特业务运营 19 年来，在当地履行经济责任、安全责任、环境责任和社会责任，致力于推进中国"一带一路"倡议和沙特"2030 愿景"的有机对接。① 该企业遵循互利互惠、合作共赢的原则，切实履行社会责任，坚持依法合规经营，加强和完善 HSE（健康 Health、安全 Safe 和环境 Environment）三位一体的管理体系，坚持国际最高的安全、健康和环保标准，保障员工的身心健康。该企业凭借着多年的海外经营经验，从技术、装备到管理都具备了运作大项目的能力。2016年 1 月，国家主席习近平在访问沙特期间，与沙特国王萨勒曼·本·阿卜杜勒 - 阿齐兹·阿勒沙特共同出席了延布炼厂的投产启动仪式。这是在两国元首助力下中沙合作的新成果，足以证明该企业在沙特实现了可持续发展，为当地的经济转型做出了重大贡献。

为了实现中沙"民心相通"，该企业根据不同区域特点开展公益活动，为当地老百姓献策献力，同时尊重沙特的宗教文化给予当地员工完成宗教功课的自由，在各个井队都设有专供本地员工祷告的房间。在穆斯林认为最重要的斋月还为开斋的当地百姓赠送餐食礼盒，受到了广泛的欢迎。值得一提的是该企业在提升本地员工技能、推动本地就业方面做出了积极的努力。2008 年成立了中国石化沙特培训中心，截至 2018 年底，培训中心共举办各类培训班 1027 期，培训沙特籍员工 37806 人次。承办国际化人才培训班 9 期，培训关键岗位和国际化人才 174 名。2018 年，该企业培训投入 2000 多万元，培训员工 2 万余人次。② 在调研该企业的培训中心时，可以看到不同层次的沙籍员工都能得到提升技

① 《中国石化创国内企业第一次！在沙特首发社会责任报告引关注》，2019 年 8 月 15 日，中国石化集团（http://oil. in-en. com/html/oil - 2877496. shtml）。

② 《服务"一带一路"，看中国石化在沙特的可持续发展实践！》，《国资小新》2019 年 8 月 16 日，http：//stock. 10jqka. com. cn/20190816/c613339862. shtml。

能或者管理水平的培训，对培训的效果都有不同程度的认可，甚至部分当地员工为了更好地融入企业主动提出了中文培训的要求。

第二节　沙特阿拉伯中资企业履行社会责任的特点及影响因素分析

从上文对于在沙中资企业履行社会责任概况和主要内容的分析可以看出，作为负责任大国的"形象代言人"，大部分中资企业在沙特都能够积极主动履行相应的社会责任，并且也得到了沙特政府及普通民众一定程度的认可和支持。然而，限于沙特国内营商环境和中资企业的一些主客观因素，目前的社会责任履行工作仍然存在不足和尚需努力之处。本节将主要基于问卷调查数据和企业访谈结果，对在沙中资企业社会责任履行过程中的特点以及影响因素进行分析。

一　在沙中资企业社会责任承担的整体特点

近年来，随着沙特外商投资政策形势利好，对外开放程度不断提高，中国企业抓住机遇，加大对沙特阿拉伯的投资力度，为了更好地赢得当地政府和民众的信任，打造负责任的企业形象，提升竞争力，驻沙特的中资企业一直在积极承担社会责任。根据实地访谈和问卷调查数据的分析我们发现，绝大部分在沙中资企业都有履行社会责任的意识和行动，其中不乏在此方面取得突出成绩的若干大型企业。然而，在沙中资企业在援助多元化方面的努力程度不够，在一定程度上忽视了技术援助、教育培训等项目的广泛开展。此外，部分在沙中资企业未设置专门的职位负责主导社会责任的履行工作，导致项目有效性、持续性较弱。同时，在沙中资企业对已履行的社会责任的宣传工作力度不足，导致反响不大，对企业履责的积极性和主动性也产生不利影响。

（一）援助多元化，技术援助不足

如图4－1所示，在沙中资企业履行的社会责任主要包括教育援助、培训项目、基础设施援助、文化体育设施援助、文化交流活动、社会服务设施、实物形式的公益慈善和直接捐钱等，其中文体交流活动、以实物形式的公益慈善占比相对较高，教育援助和培训项目也有了突破和较明显的进展，这充分说明在沙中资企业承担社会责任的方式多元化。毫无疑问，多元化的社会责任履行方式不但符合沙特民众和当地社会多层次的需求，也从多个方面展现了中国企业的文化与实力。同时，在沙中资企业在教育援助和培训项目方面也积极履行相应的社会责任，培训沙籍员工安全生产及跨文化交流，便于更快适应中资企业的运营模式、制度规则和生产方式。但是在沙中资企业在对沙特高端技术援助方面做得仍然不够，中资企业在技术方面经验丰富，有大量技术精湛的技术工人，加之中国近年来在高新技术方面的发展迅速，因此在技术方面可以进一步增进与沙特的交流与合作。

（二）以自愿开展为主，专职专规欠缺

从与企业的访谈来看，大部分中资企业目前在沙特的社会责任履行不论是在方式方法上还是在具体操作上都尚处于摸索阶段，由于意识到自身在外肩负着代表中国形象的使命，以及履行社会责任会对企业形象产生积极影响，很多在沙中资企业或多或少都会主动承担社会责任，但并没有形成专门的标准和强制履行机制。此外，在沙部分中资企业没能对海外社会责任履行的理念进行深入了解并形成广泛的传播和认同，因此也就没有过多重视责任的承担，未将其纳入企业经营的常规管理中，在信息披露方面也不及时、不主动，与各利益相关方缺乏及时有效的沟通。①

从表 4-1 中能够很明确地看出在沙中资企业很少会"设置专门社会责任办公室或相应的主管"，很少"建立了社会责任、企业公益行为准则的规章制度"，甚至很少"在公司年度计划中制订年度公益计划"。如在参与国际标准化制定下，以上三项指标所占比例分别是 25.00%、25.00% 和 25.00%，在没有国际标准化制定的条件下，情况仍不尽如人意，所占比例分别是 13.33%、21.43% 和 26.67%。由于在沙中资企业大多数为从事能源资源开发和加工相关行业及基础设施建设的大型中央企业和国有企业，因此工业企业因其自身体量大、资本较为雄厚和管理制度系统化程度高，整体来说会比小型服务业在社会责任承担方面做得好，但是从比例上能够看出工业并没有很好地发挥自身的优势，虽然优于服务业但是差距不甚明显。比如通过对比"设置专门社会责任办公室或相应主管""建立了社会责任、企业公益行为准则的规章制度"和"是否在公司年度计划中制订年度公益计划"三个指标，工业所占的比例分别是 15.00%、21.05% 和 25.00%，服务业所占的比例分别是 16.67%、11.11% 和 5.56%，三者之间的比例之差分别是 -1.67%、9.94% 和 19.44%，可以看出服务业在"建立了社会责任、企业公益行为准则的规章制度"和"在公司年度计划中制订年度公益计划"方面与工业存在不小的差距，说明连部分工业企业都没能在履行社会责任中设置专门的职位、规范和计划，而本就艰难发展的服务业就更难在此有所突破。除此之外，从表中"2015—2017 年企业社会责任支出变化"这一项的数据中可以看出支出的增加十分明显，说明在沙中资企业越

---

① 钟洪武、叶柳红、张蕙著，肖玮琪、李思睿数据分析：《中资企业海外社会责任研究报告（2016—2017）》，社会科学文献出版社 2017 年版，第 15—16 页。

来越重视社会责任的承担并付出了实际行动。

表 4 - 1　　　　　　　　　在沙中资企业社会责任履行程度

	设置专门社会责任办公室或相应主管（%）		建立了社会责任、企业公益行为准则的规章制度（%）		是否在公司年度计划中制订年度公益计划（%）		2015—2017 年企业社会责任支出变化（%）	
	是	否	是	否	是	否	不变	增加
参与国际标准化制定	25.00	75.00	25.00	75.00	25.00	75.00	无	无
没有国际标准化制定	13.33	86.67	21.43	78.57	26.67	73.33	25.00	75.00
工业	15.00	85.00	21.05	78.95	25.00	75.00	25.00	75.00
服务业	16.67	83.33	11.11	88.89	5.56	94.44	100.00	0.00
不在经开区	12.00	88.00	8.33	91.67	12.00	88.00	66.67	33.33
沙特经开区	25.00	75.00	33.33	66.67	25.00	75.00	0.00	100.00
其他	0.00	100.00	0.00	100.00	0.00	100.00	无	无
有自身工会	42.86	57.14	57.14	42.86	57.14	42.86	0.00	100.00
无自身工会	9.68	90.32	6.67	93.33	6.45	93.55	100.00	0.00

（三）以只做不说为主，海外宣传不足

在沙中资企业对在海外履行社会责任的宣传显得保守和谨慎，甚至有些企业从未通过媒体对相关项目进行过宣传。与此同时，在宣传效果方面，企业运用新媒体的宣传效果欠佳，而利用沙特本地传统媒体进行宣传的效果也限于新媒体的冲击而未能取得良好的效果。究其原因，一方面与中国传统的"低调做事"及"无名英雄"的心态有关，一些在沙中资企业确实积极开展各类活动来履行社会责任，活动本身也受到参与者的好评，但却忽视了邀请第三方媒体或利用新媒体来进行广泛的国内外宣传。另一方面由于部分中资企业进入沙特时间较短，还未完全理解沙特特殊的社会文化氛围，在履行社会责任的过程中无法对如何进行正确的宣传有所把握，因此并没有选择适宜的方式和内容进行宣传。

从表4-2中我们能够得知，企业对社会责任进行海外宣传与未进行海外宣传大约各占一半，但是总的来说还是未进行海外宣传比例略高，这种差异在服务业中体现得尤为明显，因为宣传需要消耗大量的人力物力及时间，就会使得成本上升，因此，本就薄利的服务业大多会放弃宣传。由此，在沙中资企业仍需加大对已履行社会责任的海外宣传力度，以期收到令各方都更加满意的效果。

表4-2　　　　沙特中资企业社会责任海外宣传情况比较表

	对企业社会责任 海外宣传过（％）	对企业社会责任 未海外宣传（％）
参与国际标准化制定	75.00	25.00
没有国际标准化制定	20.00	80.00
工业	35.00	65.00
服务业	11.11	88.89
不在经开区	20.00	80.00
沙特经开区	33.33	66.67
其他	0.00	100.00
有自身工会	71.43	28.57
无自身工会	12.90	87.10

（四）跨文化交流能力不足，本地化宣传力度不够

根据实地调研我们发现，员工对本企业在当地开展援助项目的认知状况不尽如人意，高达百分之六七十的员工表示本企业没

有在当地开展相应的援助活动，或者是并不清楚自己所在的企业具体做了哪些项目，这说明企业对自己履行社会责任的行动宣传不够，一些外籍员工缺乏对本企业履行社会责任具体情况的了解，因此，宣传工作亟需进行改进和调整。

究其原因，不能很好地利用外国媒体平台、本地化宣传能力弱、跨文化宣传能力不足是主要成因。从图4－2中能够看出，中资企业形象在沙特主要的宣传手段包括沙特本地媒体、在沙华人媒体及沙特新媒体微信公众号，但是对于沙特新媒体推特或脸书的使用占比较少，甚至还存在只做不说的现象。企业对推特、脸书的利用并不充分，而这类媒体正是沙特本地人和欧美人使用最多的媒体工具。

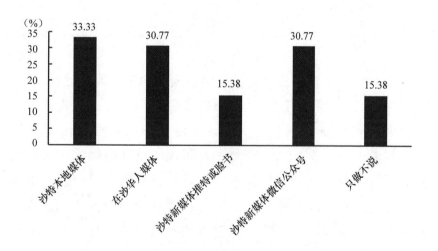

图4－2　在沙中资企业形象宣传手段对比示意图

宣传工作固然重要，但是也不能忽视因语言和文化差异而导致的沟通障碍问题，因此，企业可以充分发挥雇用本地员工的优势，对其进行跨文化协作内容的培训。根据表4－3能够得知，在沙中资企业对他国文化和跨文化协作内容的培训情况并不乐观，因此应该继续加强。

　　企业开展为员工提供他国文化和跨文化协作内容培训的活动，一方面有利于不同文化背景的员工在工作中更好地融入及开展合作，另一方面可以培训这些当地员工做社会责任相关工作，让其负责与当地社区和民众沟通，了解他们的实际需求，同时做好履责过程中的宣传工作，让当地社区真正能够意识到中资企业为当地的发展地的发展和建设带来实际效益，塑造企业积极正面的良好形象，有助于其良好的运行及可持续发展。

表4-3　　企业为员工提供他国文化和跨文化协作内容培训的情况

是否有提供培训	频数（个）	百分比（%）
提供培训	106	35.33
未提供培训	194	64.67
合计	300	100.00

二　在沙中资企业社会责任承担问题的影响因素分析

　　目前，在沙特阿拉伯经营的中资企业主要包括中央企业、国有企业和民营企业。但是从整体来看，中央企业和国有企业居多，民营企业较少。这主要与沙特阿拉伯特殊的国情相关，由于沙特整体的营商环境欠佳，央企和国企能够依靠自身强大的综合实力在这种环境下坚韧生存，但是民营企业和个体商户由于自身体量小，适应性较弱，难以应对当地不利的经营环境。除了提供就业岗位及促进经济发展之外，在沙中资企业还经常开展与社会责任的履行相关的项目和活动。但由于自身主观因素以及东道国营商环境因素的影响，在沙中资企业在履行社会责任方面仍存在诸多问题。

　　（一）主观因素：从中资企业自身经营角度分析

　　中资企业作为在沙特阿拉伯承担社会责任的主体，与这一问题存在直接相关性的联系。沙特的行政效率、工业原材料及生产标准等对中资企业的经营来说比较不利，使得中资企业面临着较大的生存压力，需要控制成本；同时，部分中资企业对于社会责任的理念及当地政府和民众的迫切需求并不十分了解，导致在具体行为上出现偏差；此外，少数在沙中资企业不太重视宣传工作，导致承担社会责任的效果差强人意，有时还会引起误解

1. 生存压力较大，需要控制成本

为了方便分析，我们把有关企业的成本简化为内外两个方面，企业生产的内部成本主要指企业投入生产要素的成本，包括人力、土地及资源等；企业生产的外部成本表现为税收以及和政府有关的各种费用。沙籍劳动力成本较高，再加上沙特工业基础较差，除石油和天然气等能源资源外，工业生产的原材料几乎依靠外来进口，再次增加了企业的生产要素成本；同时，沙特部分行政部门的效率偏低、办理手续的复杂性大，跨境贸易成本高，总体来说沙特的营商环境对企业来说是较为不易的。因此，在成本高昂的前提下，企业不得不缩减和控制因承担社会责任而产生的额外成本。

2. 社会责任意识淡薄，引发行为偏差

部分在沙特的中资企业对于自己在海外经营过程中需要履行的社会责任的理解并不够全面和深入，认为仅仅做到大手笔捐钱捐物就是社会责任的履行，很少会对社会责任的履行进行战略上的统筹规划，没有从自身的优势及对方的实际需求着手履行社会责任，因此，难免会因花销过大却得不到很好的回报而使企业承担过重的压力。

同时，中资企业与当地民众的沟通有时也存在一定问题，因此不能够准确地了解到民众的需求，从而导致付出资金时间和精力成本履行的社会责任却不被当地人接受。在沙特的中资企业与当地民众的沟通主要受到两方面的限制：一方面，沙特阿拉伯的官方语言是阿拉伯语，全民信仰伊斯兰教，受伊斯兰文明影响深远，这与官

方语言是汉语并且处于中华文明圈的中国相比差异甚大，因此，沟通成本较大；另一方面，想要消除这种差异，无疑需要专项资金支持及专业人员配备，否则在短时间之内很难对当地人的宗教信仰、传统文化、风俗习惯及需求等有很准确和深入的了解。

3. 宣传工作不到位，导致效果欠佳

沙特的中资企业在履行社会责任时很少会对开展的相关活动通过媒体进行宣传，显得过于谨慎和保守，这样做的话，一方面没有对企业形象起到很好的正面宣传和塑造作用。如图 4－3 中，有近一半的沙特中资企业没有通过社交媒体和公众号进行宣传，仅拥有 1—3 个社交媒体公众账号进行宣传的中资企业也占大约一半，但是对于当今媒体传播多元化的社会来说，中资企业不仅仅要依靠社交媒体公众账号这个单一平台进行宣传，还需在东道国、所在国及国际社会等采用多种方式、多重途径进行充分宣传，所以情况依旧不容乐观；另一方面，宣传力度不足也容易使得事情的真相被掩盖，从而给大众和媒体留下了很多想象的空间，一些别有用心的大国会利用媒体引导舆论，对中国企业的行为进行不实的猜测和误判，歪曲事实，抹黑中国企业的形象。

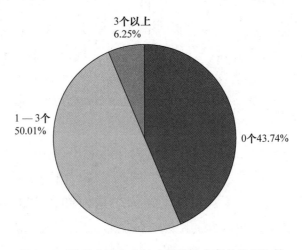

图 4－3　沙特中资企业社交媒体公众账号数量比较

在调研中我们发现，虽然大多数在沙中资企业认可通过宣传来提升企业形象，但是仍然有很多因素干扰和阻碍宣传工作的开展和落实。首先，中国传统文化根深蒂固的思想就是"做好事不留名"，一般来说，中国企业也十分注重低调和内敛，即使为当地做了一些实事，企业也很少会大肆宣传；其次，部分企业缺乏宣传经验，对于宣传的尺度和分寸把握得不够到位，如对宣传的具体内容、宣传手段和方式的选择，宣传的对象等不知道如何选择；最后，企业在履行社会责任的过程中也缺乏有效的科学管理和分工，缺少专门负责的人员进行记录和拍摄，因此缺乏宣传资料，自然就很难开展宣传工作。据我们所知，在沙特调研的中资企业中，某电力公司在社会责任承担的宣传方面做得非常成功，其中一个主要原因是设置了专门岗位并由专人负责宣传工作。

（二）客观因素：从东道国营商环境角度分析

中资企业在沙特阿拉伯的运行及社会责任的履行不可避免地会受到当地社会环境及政策的影响。众所周知，沙特阿拉伯是全球最大的石油出口国之一，国家比较富裕，同时，高福利政策使得民众的生活质量得到很好的保障，基本不需要企业承担额外的社会责任。同时，沙特劳工部颁发的《劳工法》条件苛刻，对沙特本地员工的保护政策过于明显，增加了企业经营成本。此外，随着2014年以来石油价格下跌，沙特国内经济处于下行状态，缺乏活力，入不敷出，给在沙特经营的中资企业带来很大的压力。

1. 福利政策完善，企业社会责任供需错位

沙特的福利政策十分完善，国内民众依靠低保就可以达到较好的生活条件。第一类是向全社会提供的福利，比如说对燃料、食物和水电都有较高的补贴，有免费的医疗和免费教育，国内民众基本不用担心看病的问题，可以自由选择到国外留学，这就使得中资企业承担医疗和教育方面的社会责任显得不太必要。第二

类是向特定居民提供的福利，比如说低保等社会保障，这些一般都会高于最低生活标准，因此中资企业在直接捐钱和实物捐赠方面承担社会责任往往不是针对沙特当地人，更多的是对印度、巴基斯坦、埃及、约旦等国的劳工。

自沙特"2030愿景"出台以来，王国将继续完善现代社会保障和福利制度，更加注重精准扶贫，关爱弱势群体。此外，沙特政府将与私营主体和非营利组织合作，培训长期失业的社会成员，提供工作机会，努力使他们能够融入社会。[①] 这些都说明沙特本国的居民在政府完善的福利制度惠及下，对企业直接援助的需求相对较少，而在沙中资企业却更乐衷于以此方式履行社会责任，从而导致沙特社会的需要和中资企业提供的帮助之间产生错位。

2. 劳工保护政策苛刻，企业经营成本上升

沙特阿拉伯的劳工部颁布了《劳工法》，对于员工的休假、补贴福利、解雇、最长劳动时间、最低工资标准等方面都有详细规定，提出了"沙化率"的政策，要求中资企业中沙特籍员工所占的比例、工资标准、专门岗位设立以及对外籍劳工征收人头税等都对企业经营造成了不小的挑战。[②] 具体来说，2016年12月，沙特协商会议通过一系列劳工法修正案，其中包括将私有行业从业人员每周工作时长由45小时缩减至40小时，并赋予其周末休息两天的权利；用人单位不得要求劳动者连续工作超过5小时，连续工作期间必须有半小时的吃饭和祷告时间；每天工作不得超过8小时等。[③]

---

① The Council of Economic Affairs and Development, "Vision 2030", https://vision2030. gov. sa/sites/default/files/report/Saudi_ Vision2030_ EN_ 2017. pdf.

② 吴芳芳：《国有中资企业在海外经营中的社会责任问题研究》，博士学位论文，北京大学，2013年。

③ 《沙特劳工制度与重点法规》，中国驻沙特阿拉伯经商参处（http://www. mofcom. gov. cn/article/i/jyjl/k/201401/20140100457526. shtml）。

但是，不可忽视的是沙特国内劳动力素质与市场需求间存在一定的差距。部分沙特人缺乏现代技术教育和培训，且工作中自由散漫，积极性不高。加之有的沙特人缺乏从事艰苦劳动的意愿以及从事技术行业的能力，导致在沙中资企业更依赖外国技术劳工（包括高薪管理人员和技术专家）。① 企业的经营成本会进一步提高。

3. 经济下行趋势严重，企业经营状况欠佳

沙特国内 GDP 80% 以上都来源于石油收入，因此当石油价格自 2014 年开始下跌时，国内经济呈现疲软状态，导致财政入不敷出。由于中资企业在沙特承包工程的业主主要是相关政府机构和国有企业，因此在发生纠纷和资金周转问题时，大多数情况下只能被动接受结果的发生，比如近年来由于资金紧张导致一些合作项目被迫停止或中断，所造成的损失只能由企业自行承担，并且无法向法律部门提起申诉，一方面由于诉讼资金和时间的耗费将加大成本和损失，另一方面由于诉讼对象是东道国的政府机构，诉讼难度将更大，诉讼程序更复杂。②

鼓励与引导在沙中资企业切实履行社会责任，不但有利于中国国家形象的维护、推动中沙关系在"一带一路"倡议和"2030 愿景"背景下更好地对接及深入发展，还有利于企业在当地的健康经营与可持续发展。因此，在面对社会责任承担存在诸多问题的情况下，各利益相关方应该明晰自己的角色和定位，找到自身的不足之处，通过共同的努力为在沙中资企业更好地履行社会责任、为中沙关系长足和深入发展做

---

① Hilal Khashan, "Saudi Arabia's Flawed 'Vision 2030'", *Middle East Quarterly*, Winter 2017, pp. 1 – 8.

② 陈沫：《沙特阿拉伯的经济调整与"一带一路"的推进》，《西亚非洲》2016 年第 2 期。

出贡献。

第三节 中资企业履行社会责任的改进方向

如前所述，中资企业在沙特履行社会责任的总体情况可圈可点，但由于巨大的社会文化差异，其中仍然存在很多与企业外籍员工和沙特社会期冀有巨大差距的地方。随着沙特对外开放程度的加大，其国内市场的竞争也越来越激烈，中资企业要想在其中稳住根基，就必须赢得企业员工的认可和社会的信任，而这些都离不开在社会责任履行方面的努力。为此，以下将结合问卷调查数据的分析结果和企业访谈的内容，通过分析中资企业履行社会责任现状与企业管理者、外籍员工期望之间的差异，来提出基本的改进方向。

一 改进与规范履行过程

调研中，我们从广大中资企业管理者口中了解到，由于沙特的企业经营环境与国内有很大差异，加之沙特正处在一个变革时期，因此在沙中资企业不仅要注重经济利益获取过程中可能面临的社会问题，也要充分考虑在履行社会责任过程当中可能遇到的不确定性。因此，社会责任的履行必须要规范化，当前这样缺乏规划和规制的做法，不仅可能影响企业收获应有的社会信任，还有可能引发其他的社会问题，给企业经营造成障碍。具体来说，中资企业可以从两方面来改进和规范社会责任履行过程。

（一）提高社会责任意识

在沙中资企业是履行社会责任的主体，因此提高企业的社会责任意识是重中之重。毫无疑问，中资企业前往沙特投资办厂是为了赢得商机，获取利润，这难免会导致其仅重视工程项目和利润获取，而忽视了与当地社区和民众的良性互动。因此，在沙中资企业首先要转变发展意识，清晰地了解自己的使命不仅仅是创造利润，更多的是作为负责任的大国代言人积极履行社会责任，为当地民众创造就业和发展机会。

正如习近平总书记所说的，"企业要致富思源，义利兼顾，自觉履行社会责任"。因此，在沙中资企业必须提高政治站位，从长远的利益出发，把自身的优势与当地的实际需求相结合，真正贯彻落实"共商、共建、共享"的理念，实现企业及当地社会的可持续发展。在这一方面，某石化企业就作出了良好的表率。作为在沙特投资的中央企业，其一直遵循互利互惠、合作共赢的原则，坚持依法合规经营，切实履行社会责任，展现了积极主动的责任意识和担当精神，为其他在沙投资的中资企业起到了良好的示范作用。

（二）建立规范的管理制度

社会责任的履行需要有完善和有效的管理制度来配合，具体来说主要包括战略管理、日常管理、组织管理、制度管理以及信息管理。[①] 战略管理即是转变理念，重视社会责任履行的工作，努力实现互利共赢的目标；日常管理即是在沙中资企业在日常工作中应该纳入社会责任履行这一板块，实现对其管理的常规化，而非特殊化；组织管理即是设立专门的部门专项负责社会责任的开展工作，这样做会更加专业化并且有针对性；制度管理即是规范在具体履责过程中的各种规章制度，比如具体的履责工作是什么、应该如何有序有效开展、在开展过程中应严格遵守的环保和安全生产等制度；信息管理即是信息披露制度，方便社会更好地了解企业承担社会责任的情况以及对其进行评估和监督，达到信

---

① 程晨：《企业社会责任管理体系探讨》，《统计与决策》2013年第22期。

息对称的效果，进一步促进交流与合作。①

参照上述的企业社会责任履行管理制度，目前在沙中资企业大多数是大型央企或国企，从管理经验和实力来说，完全具备设立社会责任管理部门的能力，该部门应该对企业的社会责任履行过程进行全权负责和监督。虽然部分中资企业管理者反映限于管理人员数量和文化差异，很难在短时间内筹备建立一个完善的社会责任管理部门，但诸如某电力公司这样的企业就在不断摸索中，通过指定专人、设置专项资金的方式让企业社会责任履行走上了正轨。在沙中资企业应该充分考察当地的实际情况，深入了解社区和民众的迫切需求，再根据自身的优势确定履责的重点领域，制订科学有效的履责计划，对项目预算、履责形式、履责对象及事中事后的监督和评估工作进行规范管理。

二　倾听来自员工和社会的声音

履行社会责任的目的在于收获更多人的认可与信任，树立企业的良好社会形象。因此，能够仔细倾听外界的声音和评价，进而不断改进履行的方式方法，可谓是令企业社会责任履行取得更好效果的重要一环。

中资企业履行社会责任从小范围来说直接受益的是员工，企业能够给员工提供良好的福利和发展的平台，从更大的范围来看受益的还包括当地政府和人民，企业的正常经营能增加政府财政收入、解决就业问题、提高当地人民的生活质量、改善生态环境。本次调研对象不仅局限在企业高层管理者的范围，更多的样本来自企业沙籍员工，从他们的角度能看到企业履行社会责任的效果，更能看到需要提升和改进的方面，这对于中资企业来说是

---

① 李新烽、练铭祥、钟宏武、孟瑾等：《中资企业非洲履行社会责任报告》，中国社会科学出版社 2018 年版，第 119—120 页。

极其具有参考意义的。

如图4-4所示,员工希望企业在履行社会责任类型的占比从高到低依次是教育援助62.90%,培训项目44.52%,卫生援助41.94%,文体交流活动25.48%,基础设施援助24.19%,文化体育设施20.32%,社会服务设施16.45%,水利设施11.61%,直接捐钱8.39%,公益慈善捐赠7.10%。依据图中数据和现场调研了解,沙籍员工迫切希望的教育援助和培训,不仅仅是针对企业员工的技能和安全培训项目,还包括对沙特青年人的教育援助。沙特特殊的国情和政府高福利政策,导致沙特人更愿意从事高薪、稳定和轻松的政府部门工作。与此同时,教育体系与市场需求的错位导致部分沙特人难以胜任技术含量高的工作,从而导致沙特长期、大量依赖外籍劳工。而沙特政府部门的冗员现象,再加上"沙特化"政策的推行,使得政府和民众越来越认识到沙特的长远发展需要国民尤其是青年人转变就业观念,学习市场需要的知识和技术,不断增强就业竞争力。因此,教育和培训类的社会服务责任应该由企业有计划、有步骤的实施下去。此外,对于"卫生援助"较高的需求一方面是因为沙特整体的医疗水平、医疗规模和医疗体系有待完善,另一方面是因为员工工作的地点普遍离医院较远,就诊效率和便利性相对较低。一方面凸显出沙特人民优渥的生活现状,另一方面也体现了阿拉伯民族慷慨大方的特质,游牧民族的后代身上流淌着豪迈慷慨的血液,这是阿拉伯人引以为傲的品质。因此,多数阿拉伯人,特别是有财富有地位的都愿意给别人捐助而不会轻易接受别人捐助。企业履行社会责任更多地还要考虑中沙的文化差异,不要适得其反。作为在沙中资企业中劳动力方面的中流砥柱,关注沙籍员工的切身利益和迫切需求,能够激发员工工作的积极性和创造力,增加其对所在企业的归属感以及对中国的认同感,进而促进沙中两国人民的友好交流和往来。

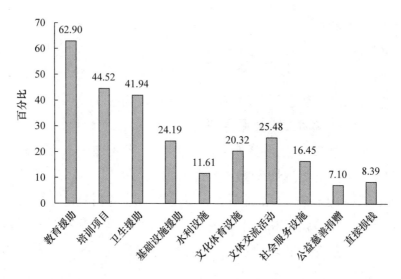

图4-4　员工最希望本企业在本地开展的援助类型分布（多选题）（N=283）

企业社会责任建设是中资企业走向海外需要学习的一门"必修课"，虽然中资企业在沙特的经营尚处于起步发展阶段，但是这更有助于锻炼提高企业的生存和适应能力。要想履行好社会责任，中国政府相关部门、在沙中资企业及相关的管理人员和基层工作人员应该协调配合，共同承担这一份责任，尤其是在面对社会责任承担存在诸多问题的情况下，各利益相关方应该明晰自己的角色和定位，找到自身的不足之处，通过共同的努力为在沙中资企业更好地履行社会责任，为中沙关系长足和深入发展做出贡献。不可否认的是，主动履行社会责任是大国企业风范的体现，加强企业社会责任的承担意识是提升企业国际竞争力的重要途径，也是实现企业在当地自身发展和国际化的必由之路。鼓励与引导在沙中资企业切实履行社会责任，不但有利于企业在当地的健康经营与可持续发展，而且更有利于中国国家形象的维护和推动中沙关系在"一带一路"倡议与"2030愿景"的背景下更好地对接及深入发展。

第五章

沙特阿拉伯中资企业形象与员工认同

沙特阿拉伯作为伊斯兰世界的核心和二十国集团（G20）成员国中唯一的阿拉伯国家，是中国在中东地区推进"一带一路"建设的重要合作伙伴，也是中国发展与伊斯兰国家战略关系的重要支点。越来越多的中资企业走进沙特，企业不仅承担着经济建设任务，在经营过程中也展示了中国企业文化，代表着中国企业形象，也进一步提升了员工对企业的认同。

第一节　中资企业形象与国家形象

为了促进国内经济结构多元化发展，沙特国内的交通、通信、能源等基础设施项目陆续上马，经济特区建设也纷纷展开，这为中国企业进入沙特开展工程承包、直接投资和劳务输出等带来了巨大的机遇，中沙在项目投资、工程承包、劳务派遣等方面的合作不断增强。本节将以企业形象和国家形象的概念、本质、特性以及二者之间的关系等相关理论知识为基础，通过概述在沙中资企业的概况和案例来展示企业形象，并展现企业对塑造中国国家形象的影响。

一　企业形象和国家形象的本质和特性

（一）企业形象的本质和特性

企业的本质和特性决定企业形象的本质和特性，要理解企业形象的本质和特性，明白什么是企业，什么是企业形象，是我们探究企业形象的本质以及特性的前提。就一般定义而言，企业以营利为首要目标，是一个集合多种要素并且创造经济价值的综合体，提供市场所需的产品或服务是企业自身发展和存在的必要基础，企业本质上是一个营利性组织。从中国文化中"形象"这个词的含义来看，"形"体现的是事物的外形特征，"象"则是事物所包含的象征意义，因此"形象"二字连词的意涵便是——事物的"呈现"及其"意义"。照此来看，企业形象就是企业本身所呈现出来的直观模样及其背后所包含的深层次意义。企业形象就是企业本身的呈现及其意义，是企业独特价值创造模式的表现和表达。①

在企业的生产经营活动中，企业形象一方面表达着企业独特的文化理念和历史积淀，另一方面体现着企业的经营状况和生存状态。从一个企业的具体形象中，大致可以了解到企业的经营理念和生存状态等情况。企业形象本质上是企业和消费者双方对企业形成的综合印象和评价，体现的是企业的生产经营能力的好坏和创造社会价值的多少，而好的企业形象就是对企业的肯定。塑造良好企业形象的本质就是要把公众对企业的印象和评价往正向引导，消费者以企业的产品、技术、服务、信誉等作为评价要素，在这些条件的基础上，塑造出企业的良好形象，在这背后是企业的核心能力和企业经营优势的集中体现。

---

① 朱建中：《企业形象及其创新探究》，博士学位论文，东北大学，2006年，第12页。

　　企业形象具有整体性。企业的形象是跟这个企业所有的一切联系在一起的，并不是孤立于企业自身或者是企业本身的某一要素而存在。在企业的生产经营活动中，企业某一要素的变化可能会影响企业形象。企业类别、企业名称、企业商标、企业广告、企业标志、企业建筑、企业员工、企业新闻等企业形象的构成要素中某一方面的变化很可能影响企业的整体形象，具有牵一发而动全身的重要作用。

　　企业形象具有价值性。企业形象是企业软实力的重要组成部分，是企业所拥有的无形的资产。① 在企业的生产经营活动中，好的企业形象对于企业具有积极促进作用，就像人一样，我们都愿意与个人形象好的人交往，不太愿意与形象不好的人交往。企业也需要展开交往，因此，在企业生产经营和企业交流过程中，好的企业形象会成为一个重要的加分项。企业具有好的企业和品牌形象，有利于企业获得更多更好的社会资源，有利于企业赢得好的口碑，也有利于企业的产品销售，获得更好的经济利益。海尔就是一个很好的例子，1985 年，海尔的首席执行官张瑞敏砸掉了有质量缺陷的冰箱，对企业产品的质量提出了更高的要求，并且严格把控质量关，不断创新，为消费者提供质量上乘的好产品，赢得了消费者的信任，塑造了良好的企业形象，为海尔集团的成功奠定了基础。

　　作为后起之秀，中国开展企业形象塑造的时间还很短，对塑造企业形象的经验和方法虽在不断学习和改进中，但总体上还很缺乏。对企业形象的作用以及企业形象本质的探究和理解还处于一个相对初级的层次，对塑造良好企业形象的重视度还有待提升。国外有很多成功的经验，但面对这些企业的成功经验，我们

---

　　① 朱建中：《企业形象及其创新探究》，博士学位论文，东北大学，2006 年，第 13 页。

只能借鉴学习，不能一味模仿，更不能照搬照抄。中国企业要学习的是塑造良好企业形象的精髓和方法，而不是模仿具体做法。中国的经济政策、营商环境等与西方发达国家有很大的不同，我们国家独特的国情决定了中国企业的发展要有独特的思路，我们要实事求是地从中国企业实际出发。

（二）国家形象的本质和特性

美国政治学家博尔丁认为：国家形象被认为是国家"软实力"的重要组成部分之一，可以体现这个国家的综合实力和影响力。国家形象作为反映在媒介和人们心理中对于一个国家的历史、现实状况及其民众的政治、经济、文化、生活方式以及价值观的综合印象，是国家的外部公众和内部公众对国家本身、国家行为、国家的各项活动及其成果所给予的总的评价和认定。[①]

从不同的维度来看，国家形象包含着两个方面，一方面是该国在国内民众中的形象，另一方面是其国际形象。在全球化和信息化的前提下，资本、信息等快速流动，跨国的商业活动和民间交往愈加频繁，因此，国家的国际形象和国内形象之间形成了相互参照、相互影响的交互作用关系。国家形象不仅深刻地影响到本民族每个个体对于国家的认知、认同，从而影响到民族凝聚力和归属感，而且也复杂地影响到其他国家和民族对于中国、中国民众以及中国的精神文化和物质产品的接受和评价，从而影响着中国和中国人在世界上的地位。

在全球化大背景下，在中国逐步成为一个世界性大国的进程中，国家形象与中国的文化"软实力"和国际影响力紧密相关。随着中国人出国旅游、留学等对外活动的增多，国家形象将逐步成为每一个中国人必然遭遇的现实问题，外国人对中国的实际看

---

① 周进：《中国企业公共外交与国家形象塑造研究》，硕士学位论文，华中师范大学，2017年，第9页。

法和印象也会不可避免地影响到每个中国人的生活。通过对沙特中资企业员工的访谈和了解，员工总体对中国国家形象比较认可。

二 企业形象与国家形象的关系

（一）企业形象塑造国家形象

跨国企业是经济全球化的主要参与者与推动者，中资企业在国外的生产经营活动中代表着中国的国家形象，同时也塑造着国家形象。良好的企业形象也是良好国家形象的直接体现，企业作为"企业公民"不仅仅提供产品和服务，赚取利润，作为由人组成的社会组织，其同样需要承担社会责任，创造和谐的社区环境。[①] 中资企业在其公共外交的过程中，影响并塑造着中国的国家形象。

公共外交的主体有很多，而企业作为其中重要的主体之一，扮演着不可代替的角色。企业公共外交是指企业尤其以跨国企业开展的以对外经济活动和社会活动为载体，服务于企业经济利益和国家公共外交目标的行为。[②] 在世界500强企业中，中国企业的占比不断增加，一大批的中国企业不但在国内发展壮大，而且积极开拓国际市场，不仅极大程度地丰富了国内消费者的生活，更是让中国品牌的影响力远播海外，服务于全球的消费者，丰富和改变着外国人的生活。中资企业越来越成为国际交往中的重要参与者。每当国家领导人出访或是外国领导人来华访问，经济合作一般是国家合作中的一个重要环节，而这些经济合作，经济交往，大部分是由跨国企业所承接的。因此，中资企业的形象直接

---

① 周进：《中国企业公共外交与国家形象塑造研究》，硕士学位论文，华中师范大学，2017年，第13页。

② 赵启正、雷蔚真：《中国公共外交发展报告》，社会科学文献出版社2015年版，第3页。

关系到国家之间的经济合作和经济交往，并进一步影响国家形象的塑造。

中资企业展开公共外交属于企业生产经营活动中的一个部分，如果在其公共外交过程中能够塑造良好的企业形象，那么对于中国的国家形象的影响就是积极的。企业如果不能正确地遵守当地的法律法规，没能恰当地尊重当地人民的生活习惯并积极地承担企业的社会责任，就会形成一个很差的企业形象，从而影响中国的国家形象，甚至有可能影响外交关系，影响两国人民和两个国家的正常交往。

企业在开展经济活动时代表的是母国的形象。跨国公司的员工身处与当地居民交往的第一位置，他们对当前国际形势、本国国情、外交政策和当地风俗习惯的了解程度，以及自身能力素质等因素都会或多或少地影响到中国的国家形象。中国企业在走出国门之后，在东道国人眼中，不仅仅中国的跨国企业，包括中国跨国企业里面的每一个员工，每一个个体，所代表的形象都是中国的国家形象。东道国的人民了解中国的渠道和资料可能并不多，所以他们通常会以中国跨国企业的形象、中国员工的形象，来构建他们脑海中的中国形象。例如华为、苹果、谷歌、三星等科技企业所代表的科技、创新的元素就会被赋予到母国国家形象上，对母国的国家形象塑造起了积极促进作用。相对地，企业形象的受损带来的也是国家形象的受损。

（二）国家形象影响企业形象

企业公共外交在塑造国家形象过程中的重要性不容忽视，国家形象与企业公共外交的关联性注定国家形象同样影响企业开展经济活动、公共活动，对于企业的可持续发展至关重要。① 国家

---

① 周进：《中国企业公共外交与国家形象塑造研究》，硕士学位论文，华中师范大学，2017年，第13页。

形象和企业形象之间可以互为作用，对于企业而言，良好的国家形象是企业的一种外部优势，更是一种优质的公共产品。好的品牌，好的企业形象可以将国家形象塑造传播得更好，国家也可以搭乘好品牌的顺风车，使国家形象带有知名品牌形象的元素。总而言之，境外的中资企业作为中国企业的一员，其企业形象是中国国家形象的有机组成部分。国家形象是一个各方面的综合体，当一个国家作为整体形象呈现在海外公众面前时，海外公众便会以该国的国家形象作为基础，来构建对该国跨国企业的最直接的认识。良好的国家形象有利于提高企业经济效益，而企业提供的产品和服务也构成了海外民众对企业母国最直观的认识。在国际交往和企业公共外交过程中，经济活动与文化、政治、军事之间有着相互影响的关系。

由此可见，中资企业形象与国家形象之间的联系十分紧密。企业开展公共外交是企业扩大自身的知名度和影响力，并获取更多经济利益的内在选择，也是国家展开公共外交的有机组成部分。企业公共外交的好坏直接影响到海外公众对该国和该企业的看法和印象，同样地，母国国家形象与企业经营利益具有一致性，国家形象对企业公共外交的开展也具有反作用。正面的国家形象有利于企业开展公共外交，提升企业形象并降低企业经营风险。相反，负面的国家形象不仅影响国家在世界的地位，更对企业的经营行为产生负面作用。

"一带一路"倡议出台以来，中国与沙特的经贸往来愈加频繁，中沙携手致力于打造开放、包容、均衡、普惠的区域经济合作架构。随着中国影响力的与日俱增，中沙关系也上了新的台阶，中沙企业之间的合作不断深入，合作领域更加开阔，合作关系也更加坚实。贸易往来的增多，使得很多沙特商人会定期来中国采购，也越来越了解中国市场，越来越了解中国。凭借着中国商品和中国制造的良好口碑与形象，中国商品在当地炙手可热，沙特进口的中国商品数量不断增长，中国制造在当地随处可见。中沙两国人民之间的了解和熟悉程度不断增加，好感度也在持续提升。2019 年 2 月，沙特阿拉伯正式将汉语纳入本国的教育体系中，这一举措将会极大地促进两国语言文化的交流，为两国友谊搭建一个更好的桥梁。

（三）中国的国家形象不断提升

新中国成立之初，由于经济发展水平落后，与世界交往不密切，在很多外国人眼中，尤其是西方国家人民，落后就是中国的主要形象。所以，过去在很多外国人的固有印象中，中国还处在经常闹饥荒、人民吃不饱的状态中。中国的产品也是外国人口中技术含量低，做工粗糙的代名词。曾经的中国确实落后、贫穷，经济社会发展水平不高，但是这种状况在今天已经一去不复返了。

自改革开放以来，特别是中国加入世界贸易组织以来，在"走出去"战略的引导下，中国企业积极参与经济全球化，积极融入世界市场，参与国际市场竞争。近年来，在"一带一路"倡议的大背景之下，伴随着中国经济发展进入新常态，国内产业结构调整，供给侧结构性改革不断深入，越来越多的中国人、中国企业、中国产品走出国门，开拓国际市场，发展起来的中国已经焕然一新，不断地改变着外国人对中国的看法和印象。

由中国外文局对外传播研究中心联合市场调查及品牌咨询机构推出的关于国家形象的第四次全球调查显示：中国整体形象稳定提升；中国经济的国际影响力位居世界第二；中国科技创新能力广受好评，高铁被认为是最突出的科技成就。①

当前中国已经进入了中国特色社会主义新时代，新时代就要有新面貌，对国家形象的建设也提出了更高的要求。习近平总书

---

① 张洪瑞：《中国国家形象全球调查报告 2015》，《中国报道》2016 年第 10 期。

记对国家形象建设提出了明确目标：中国的国家形象塑造，要依托优秀的历史文化传统，打造政治清明、民族团结、文化繁荣、山川秀美、充满活力的大国形象。在改革开放不断深入的今天，在社会大发展大变革的今天，我们每一个中国人都对未来充满希望，我们完全有理由相信，中国会发展得越来越好，中国的国家形象也会越来越好。

第二节　中资企业员工的工作满意度

随着现代社会的发展与进步，人们在工作时的价值观不断发生着转变，对于工作时幸福感的关注度逐渐上升，现代企业管理者最为关心的问题包括提升企业员工的工作幸福感以及员工的工作满意度，二者都是现代企业员工管理的热门话题。

一　工作满意度

工作满意度这一话题在现代企业员工管理中有着不可忽视的地位，在 20 世纪中后期，企业的管理不仅仅是追求利润和效益，更要重视提高企业员工对于工作的满意程度，也正是从这时起，对企业员工工作满意度的研究越来越广泛。如果将工作满意度定义为个人对其所从事工作的一般态度，那么个人的工作满意度水平高，对工作就可能持积极的态度；反之，个人的工作满意度水平低，对工作就可能持消极的态度。① 由此可以看出：工作满意度是侧重于对员工在工作领域的主观评价，与上一节提到的工作幸福感相比范围较小。

---

① ［美］斯蒂芬·罗宾斯：《组织行为学》，孙建敏等译，中国人民大学出版社 2006 年版，第 442 页。

影响企业员工工作满意度的因素主要包括：个人因素、领导因素、工作条件、福利待遇、报酬工资和同事关系等几个方面。在个人因素当中，员工个人的年龄、性别、学历、婚姻情况等因素都会对员工在工作中的满意度情况产生重大影响。其中，年龄对于企业的影响尤为显著，通常满意度均值会随着年龄增长而不断提高。① 性别方面，员工在工作满意度上差别的显著与否在于员工所处的岗位与职业的差别，例如，在服务行业中，男性和女性员工在工作满意度方面没有显著差别，而在生产领域，男性员工的工作满意度要比女性更高。婚姻情况方面，已婚的员工比未婚的员工工作满意度更高。学历方面，学历水平越高的员工，工作满意度也越高。在员工职位高低方面，职位较高的员工比职位较低的员工工作满意度高。岗位、工作压力程度和技能匹配度、学习发展、领导风格、同事关系等也对员工满意度产生重要影响。同时，员工在工作时所处工作条件的不同、人际关系的不同、工作职位的晋升甚至工作本身都会对员工工作满意度产生影响。在满意度与绩效方面，D. L. Cherrington 等人指出，工作满意度与绩效间并没有固定的关系，是按现有绩效所付的奖酬才导致最后一个阶段高绩效的结果，满意度与随后的工作绩效毫无关系，满意度同时也不能改善工作绩效。②

二 个人属性对企业认同的影响

个人属性是指个人不会发生改变的，相对固定的本质特征。例如性别、年龄、籍贯、所受教育背景、工作年限、劳动关系等方面。

在个人属性路径下，不同行业不同工种员工对于企业的认知

① 袁声莉：《员工满意度实证研究》，《技术经济与管理研究》2002 年第 3 期。
② ［英］波特·马金：《组织和心理契约》，王新超译，北京大学出版社 2001 年版，第 194 页。

是不一样的。如前所述，在基础建设承包行业中管理层员工的教育获得的差异可能影响到个人能力差异、努力程度差异。但如果是一线员工或如土木工程施工员，年龄工作年限和劳动关系或多或少影响着本人对企业的认知。一个本就持有观望态度，不打算积极投身于企业建设、为企业创造价值的员工对企业情感认知和认同的影响也肯定是弱的。我们在调研访谈中也遇到类似的例子，当问及某企业一位作为政府联络员的沙特员工时，他表示这是最近三年来换的第五份工作，在通过行业协会介绍此份工作前曾经在沙特阿美公司的子公司做过销售，因为自身感觉工作压力大故换了这份工作，目前的工作是专职向沙特政府职能部门报送公司申请、报告和相关文件，这一工作岗位也是沙特政府为了解决沙特本国人就业，又能更好地促进外资企业和政府及时沟通解决问题的有效途径。该员工虽然对中国企业和同事有好感，但是他对自己的工作内容和报酬并不是很满意，他说自己在目前工作岗位上刚刚满四个月，并感觉政府联络员的职务不适合自己，对此自己认为没有得到合适的岗位，而岗位对应的报酬也不合符他本人预期值。因此，该员工打算跟主管协商，同时也在观察和寻找更合适自己的工作。而访谈的另一位员工是建筑行业负责监理的叙利亚籍工程师，他表示虽然自己也换过好几次工作，但是自身受教育的背景与目前这份工作相关，而企业及周围同事对自己的帮助也很大，不但如此，自己在工作的同时能够学习到很多国际工程监理知识，工作经验不断提高，对自己的晋升空间比较乐观。

从图 5-1 中可看出受访对象在现金奖励，股份奖励，晋升，荣誉证书和假期奖励这五种主要的奖励机制中，采取股份奖励是最少的，此类奖励多数是为数不多的民营企业，而具有国有性质的其他中资企业有近 2/3 的企业通过现金这种较为直接的物质奖励方式，给予员工激励，其次是职位的晋升，奖状及额外的休假往往是伴随着现金奖励或者晋升以及对企业的直接贡献大小等而产生的。

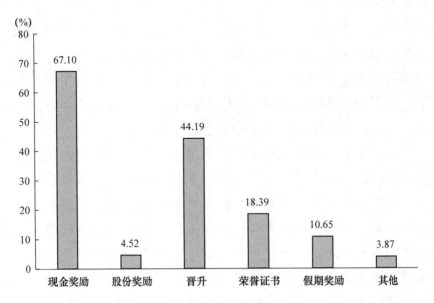

图 5 - 1　企业对员工的激励机制类型（多选题）（N = 310）

根据表 5 - 1、表 6 - 27 的综合数据，可以看出员工对本企业的情感认知状况。有超过 2/3 的人认为在中资企业工作职业发展前景不错，面对其他工作机会，仍然有 62.87% 的受访对象愿意留在本企业。员工对企业的认知和企业归属感总体较好。

表 5 - 1　　　　　　　　员工在本企业的职业发展前景

职业发展前景	频数（个）	百分比（%）
非常不好	3	0.97
不好	6	1.94
不好不坏	48	15.53
好	177	57.28
非常好	75	24.27
合计	309	100.00

第三节 中资企业员工的跨文化团队合作

团队合作对现代企业的发展起着极其重要的作用，如何提高员工的团队合作意识对管理者来说尤为重要。员工的归属感和各种激励因素是影响团队合作的重要因素。本节将结合激励理论通过对沙特调研的实际案例，分析了解沙特中资企业外籍员工的情感认知与跨文化团队合作。

一 团队合作与内部交流

管理科学家罗宾斯认为，团队是由两个或两个以上相互依存的个体组成的组织，这些个体根据特定的规则为了特定的目的而结合在一起。[①] 团队是由员工和管理者组成的集体，合理利用每个成员的知识和技能，共同解决问题，实现相同的目标。

团队合作对现代企业的发展起着极其重要的作用。首先，建立一个有凝聚力和效率的团队，第一步是建立信任。在团队中建立信任意味着凝聚力和创造力的融合。其次，团队合作最大的障碍之一是团队内部的竞争。许多管理者采取各种措施避免内部竞争，因为他们害怕失去对团队的控制，破坏和谐的工作环境，担心员工的自尊心在竞争中受到伤害。最后，优秀的团队成员也可以有主动性和责任感，自愿地尽力而为，而不需要领导提醒。因为他们清楚地知道需要做什么，他们提醒彼此避免不利于成功的行动和活动。

因此，如何提高员工的团队合作意识对管理者来说尤为重要。

---

① 斯蒂芬·P. 罗宾斯：《管理学》，中国人民大学出版社 1997 年版，第 377 页。

首先，管理者应该树立威望，增强管理者和员工之间的信任。团队中的经理和员工应该相互尊重，努力融入团队，使自己成为团队的一员。管理者应具有个人魅力和领导气质，以及相应的管理能力和知识，能够指出团队发展的方向，制定目标，使团队成员充满激情，愿意尽最大努力实现团队目标。其次，企业管理者应建立人才机制，建立优秀的团队。人才是优秀团队的基础。建立优秀的团队，企业必须建立自己的人才机制。真正的人才喜欢竞争，并理解合作竞争的意义。

随着科学技术的发展、管理理念的更新和现代经济的发展，团队在企业中发挥着越来越重要的作用，团队逐渐成为企业真正的核心竞争力。团队建设是企业发展的根本保障之一，也是企业获得持续发展能力的途径之一。同时，它还体现了企业的凝聚力和战斗力。如何打造一支优秀的员工队伍，使团队力量超越简单的团队成员力量总和，形成一支高效的员工队伍，日益成为激烈市场竞争中现代竞争的焦点。而在团队建设中团队精神的培养起着非常重要作用，团队精神是团队成员在团队实践过程中逐渐形成的。

二 归属感与团队激励因素

归属感是指企业价值观的认同感、企业生产环境的安全感、企业发展的责任感、企业工作生活的幸福感和现实的成就感。归属感是一组情绪，其形成是一个长期、动态、复杂的过程。[①]增强企业员工的归属感，应该以人为中心，使员工在企业工作过程中获得认同感、安全感、稳定感、责任感、幸福感和成就感。

---

① 李玲月：《浅议增强员工企业归属感》，《石油政工研究》2016年第2期。

（一）增强企业员工归属感应重视的方面

首先，企业要注意员工的工作环境和生活条件。心理学创始人库尔特·勒温认为，人的行为随着两个因素的变化而变化：人和环境。不同的人在相同的环境中会有不同的行为，同一个人在不同的环境中会有不同的行为。因此，企业应为员工创造良好的工作环境。① 企业应创造良好的硬件环境，满足员工视觉感知、健康安全、休息休闲的需要。企业应关注员工的家庭生活，提高员工的生活质量。

其次，企业应该关注员工的情感变化和精神需求。哈佛大学戈尔曼认为，通过科学的管理，员工的情感可以提高企业的效率，促进企业的发展进程。企业应密切关注员工的情绪变化，及时发现员工的负面情绪，及时反馈。在关注员工情感变化的同时，要尊重员工，满足员工的精神需求，引导员工树立正确的人生观和价值观，吸引和激励员工自觉地为企业的发展尽最大努力。让员工和企业有共同的价值观，让员工感受到自己存在和行为的价值。促进员工为企业做出自愿和持久的贡献。②

最后，企业应重视员工的进步和心理健康。为员工提供培训机会，可以增强他们的工作技能，提高他们的工资效率，扩大他们的工作领域，有利于他们个人的职业发展和成长。就企业而言，经过充分培训的员工越多，企业对员工的吸引力就越大。发挥人力资源的高附加值，为企业创造更多的效益。目前世界500强企业中，90%以上的员工接受企业心理辅导。通过有针对性的心理咨询，员工可以保持良好的工作状态。

---

① ［德］库尔特·勒温：《拓扑心理学》，竺培梁译，浙江教育出版社1997年版，第137页。

② ［美］弗雷德里克·赫茨伯格：《赫茨伯格的双因素理论》，张湛译，中国人民大学出版社2009年版，第63页。

在利雅得调研的其中一家基建承包企业中有七位沙籍员工接受我们的访谈。其中有一位曾经在华中科技大学学习过中文，他很喜欢中国，认为中国是一个非常有活力的国家。他认为每一个国家的公民都热爱自己的国家，所以学成中文后回到沙特。正好在中国的"一带一路"倡议和沙特的"2030愿景"的共同促进下，中国有很多企业来到沙特发展，而自己有工程管理和中文的专业背景，通过应聘找到目前的这份工作比较满意。虽然目前公司的项目不多，但是自己完全可以和同事们一起帮助公司获得更好的发展，同时也能够跟更多的中国同事接触，增进友谊。另一位沙籍员工的家就在附近，他找这份工作的初衷是觉得和中国人相处很友好很融洽。目前公司正在度过艰难期，收入虽然没有其他公司好，但他坚信自己的选择是正确的。

（二）各种激励因素对于团队合作的影响

薪酬与分工对团队合作的影响。薪酬体系通常包括固定工资、绩效工资、晋升奖金和团队划分。从团队分工看，团队分工率越高，团队合作程度越高。这是因为团队分工的比率越高，员工的利益越一致，员工越愿意帮助他人，团队合作的程度就越高。薪水越高，员工得到的越多，他们就越满意，他们就越快乐。同时，也有利于提高员工的积极性。[①] 绩效工资和固定工资对团队合作没有激励作用。总体看，更高的团队分工将促进团队合作，更高的晋升奖金不利于团队合作。

风险规避对团队合作的影响。规避风险的员工越多，他们越愿意帮助他人，团队合作的程度就越高。这是因为帮助工作的积极效果不会随着规避风险员工的增加而改变。它总是根据固定的团队共享率来奖励员工，这是员工的一个重要人格特征。由于高

---

① 吴喜雁：《弹性薪酬制度影响员工工作表现实证研究》，《商业研究》2011年第7期。

风险规避，员工之间的合作可能性较大，企业在招聘员工和组建工作团队时，应采取相应措施，积极识别和区分员工之间的风险规避。如果员工之间的合作特别重要，那么应该相应地形成具有高风险规避意识的员工工作组。

协同效应对团队合作的影响。企业团队的生产规模越大，员工越愿意帮助他人，团队合作程度越高。一方面，加强了团队分工的积极激励作用，提高了协助工作的积极效果。另一方面，随着团队生产规模的扩大，因帮助他人而损失的确定性晋升奖金将逐渐减少。在较大规模上，团队生产削弱了晋升奖金的负激励效应，降低了帮扶工作的负效应。当团队规模较小时，协同效应随团队规模的扩大而增大，这将提高团队合作的水平。当团队规模较大时，协同效应随团队规模的扩大而减小，这将降低团队合作的水平[①]。

三　员工激励路径

激励理论是在心理和组织行为研究的基础上形成的。主要从人们的需要、目的和动机等方面考虑如何激发员工的工作积极性。经过长期实践，激励理论经历了从单一货币激励到满足各种需求、从激励条件的概括到激励因素的明晰、从激励的基础研究到激励过程的探索的历史演变。

根据经济学和管理学激励理论的研究成果，可以通过产权合同、组织设计和制订各种报酬与补偿计划三种方式实现企业整体的有效激励。

企业在实际运行中，产权合约是企业中对员工的最高激励方式，享受产权合约激励的员工，能有效受到法律保护，从为企业

---

① 魏光兴等：《基于协同效应的团队合作激励因素研究》，《系统工程理论与实践》2007 年第 1 期。

工作的员工身份，转变为企业的所有者。目前，产权合约激励模式，已不仅限于企业的投资人，而逐渐延伸至没有对企业进行资产投资，但在企业经营活动中创造巨大价值的经营层员工和操作层员工。随着新经济时代的到来，知识经济化和经济知识化的特性，更加突出了企业智力资本对核心竞争能力和竞争优势的贡献作用。

组织设计为第二层次激励行为。在新的经济形式下，为了应对不断变化的外部环境，提高企业员工的积极性和灵活性，设计扁平化的组织架构形式，强调团队合作和以人为本的管理原则，视企业中的人为企业的人力资本。通过组织设计实现的激励行为，更多体现为激发员工内在积极性的精神激励。

报酬与补偿计划为第三层次激励行为，不仅强调针对经济人的有形补偿，也强调针对社会的非经济补偿，是一种比较全面的综合补偿形式。补偿计划可分为经济补偿和非经济补偿，经济补偿主要指一些有形的外在物质激励，非经济补偿主要包括内在和外在的精神激励。例如符合个人能力特质、具有挑战性和良好职业前景的工作、令人满意的工作氛围、融洽的工作关系、合理规范的企业制度、具有知名度的企业品牌、舒适的办公环境等。

在沙特一家港口建设中资企业的受访对象中，有一位退役不久的沙特军官，其职务是这家企业的人事部经理，专门负责沙籍员工的招聘及管理，同时还兼有该企业与皇家委员会联络的首席联络员的职责。这位负责人曾经与中国军人有过短期接触，对中国人有好感。现在参与该公司的人事管理，也是出于想继续保持与中国人的友好合作，为国家的建设做一点贡献。在其手下的七位沙籍员工都是经他把关的优秀人才。

他认同中国企业的管理方法，在管理中融入沟通和情感交流。在日常与员工们交流时都会提醒员工要有危机意识，企业在发展过程中会存在这样或者那样可预测和不可预测的危机。他认为虽然自己是沙特人，并且政府提供给沙特国民各种显性 或隐性的福利待遇很好，但是任何岗位的员工如果没有危机意识迟早都会被别人代替。换句话说每个员工必须不断提高自己的能力，对危机随时保持清醒。同时，企业员工对企业的发展也要有危机意识，只有企业发展了员工才能有更好的发展。从而在心理上较好的激励员工提升自己的能力素质，并明白企业与员工是共进退的。

而在绩效薪酬方面，沙籍员工的薪资水平普遍高于中方员工和其他外籍员工，他认为本着对企业负责，努力为企业创造价值的目标，绩效和薪酬应该关联在一起。员工业绩高低决定了个人薪酬分配的高低，绩效导向的风向标作用在于激发员工对企业的贡献，对企业的忠诚度。能力强、业绩优的员工一定会脱颖而出，并会获得优厚的物质奖励。

第四节　中资企业文化与员工组织认同

企业文化是企业成员长期形成和共享的价值观、道德规范和行为准则。而组织认同对企业而言则是员工对企业价值观和管理理念的认同。影响员工组织认同的重要因素包括组织外部声誉、组织意识和组织外部形象的吸引力等三部分。本节将结合沙特中资企业实际，对企业文化与员工组织认同进行探讨。

一　组织认同影响因素

（一）组织认同

1958 年西蒙对组织认同的概念表述为：个人完全以组织目标代替个人目标，作为组织决策制定过程中使用的价值指数过程。组织目标是组织服务目标或组织生存目标。① 在这个过程中，组织目标是在决策的基础上放在第一位的，个人目标不再存在。组织中的个体以组织为出发点，其行为实施也围绕着组织展开。组织标识是成员将自己定义为组织成员的状态。这意味着一个组织的成员将自己定位为其组织的一部分，并将其独特的特性附加到自己身上，以指导他们在组织中的行为。组织认同是由一系列相互关联的现象通过相互作用形成的，即个体对组织的归属感。它的内容包括个人能够感受到与组织其他成员的共同或相似的特征，以及个人对组织的心理和行为支持。②

组织认同是社会认同的一种特殊形式，个人将组织视为认同的对象。个人认为，一个组织能够为一个人提供与一个组织一致的意义和归属，从而为一个人的组织态度和行为提供基础。同时，一个组织的成员将与其他组织区分开来。③ 作为组织的一部分，个人对组织的认同也体现在员工是否认可组织成员，是否认同组织的目标、价值观、发展理念和愿景，是否充分考虑组织利益的获取。在选择自己的行为时，不要仅仅考虑个人利益的获得。

成员与组织的心理行为的一致性是组织认同的本质表现。它的心理表现是一种归属感、责任感以及与组织的契约感。心理行为表现为这种情绪对组织利益的积极维护。从员工与组织的关系出发，组织认同是指员工将自己置于组织中，并按照自己的标准对待自己。从一个组织中识别和寻找新自我的过程。组织认同是

---

① ［美］赫伯特·西蒙：《管理行为》，詹正茂译，机械工业出版社 2007 年版，第 17 页。

② 同上书，第 301 页。

③ 曾伏娥、刘红翠、王长征：《制度距离、组织认同与企业机会主义行为研究》，《管理学报》2016 年第 13（02）期。

一个综合性的概念，是指组织成员在与组织一致的心理感知过程中所产生的行为。组织个体认为他们对自己的组织有一个理性的心理比较和评价，并且有一个更情绪化的归因。① 此外，这种心理状况也会导致行为的实施。

以此次访问的某石化集团为例，其企业核心价值观为"人本、责任、诚信、精细、创新、共赢"。企业的发展主力军是各岗位上的员工，员工的全面发展和幸福感的提升帮助企业不断向前发展。企业努力发展生产，在自身发展同时促进社会经济的发展。并履行好企业的本土社会责任，和所在国的社会责任树立良好企业形象，以"为美好生活加油"作为企业使命。坚持为社会、为客户提供优质服务和更好的产品，把合作共赢的理念贯彻始终。优化产业结构和产业生态链，使得各方受益。"建设成为人民满意、世界一流能源化工公司"是该企业的愿景。在全球化背景下，企业的国际化步伐从未停止，追求卓越是能源企业更是国际化企业的属性。

基于对企业文化的理解和认同，该企业的员工，无论是访谈中遇到的正在接受培训即将上岗的钻井工人还是处于管理岗位或者技术岗位的管理人员和技术人员，对目前的工作总体都是比较满意的。员工工作满意度的提高又强化了组织认同的基础。其中一位沙特籍访谈对象来自沙特南部奈季兰乡下，他本次来该企业国际培训中心接受培训是工作以来的第二次培训，他表示非常感谢政府及该企业提供的工作机会，他本人来自比较偏远的农村，只有小学文化程度。如果不找工作的话政府也会提供一些救济金，但是自己还是想尝试不同的生活方式。目前主要是在钻进平台上协助技术工程师的工作，感觉虽然很辛苦，但是能和大家一

① 陈浩：《心理所有权如何影响员工组织公民行为——组织认同与组织承诺作用的比较》，《商业经济与管理》2011 年第 7 期。

起工作很开心，公司领导也经常会到一线看望基层员工，也经常组织各种培训提高自己的业务水平。因此，该沙特籍员工对公司比较认同。

（二）组织认同的影响因素

外部声誉和内部沟通是影响组织认同的关键因素。声誉的质量决定了员工所属组织的所有权和定义，从而决定了身份的一致性[①]。同时，沟通的顺畅也是员工关系的体现，平等有效的沟通决定了员工对组织的认同。

组织认知和外部形象的吸引力是影响员工组织认同的重要因素。从组织文化的角度可以研究组织认同的影响因素。组织认同的影响因素有道德、信息流、监督等。工作效率、基于职业形象的职业认同和工作自主性是影响员工组织认同水平的重要因素。

组织要获得员工的组织认同，必须满足员工的经济利益。满足员工的经济利益可以激励员工参与组织的工作，从而形成强有力的组织认同感。个人能力影响员工对组织的依赖。组织内部的社会关系是影响组织认同的重要因素。积极的组织文化是提升员工组织认同的重要因素。

二　企业文化与企业文化认同

（一）企业文化

企业文化是企业价值观、道德规范、规章制度和行为规范的总和，是企业成员普遍认同的。它它通常包括四个方面：物质文化、制度文化、行为文化和精神文化。其中，物质文化是基础，制度文化是保障，行为文化是目标，精神文化是核心。

企业文化是企业形成的长期价值观念和行为规范，受到全体

---

① 齐妍：《浅谈国有企业内部沟通》，《现代商业》2017 年第 10 期。

员工的认可，它是一种精神力量。和谐的企业文化是员工健康成长的土壤，对员工具有价值导向作用。企业文化是在企业的长期经营过程中形成的。它是企业物质财富和精神财富的总和。它涉及企业的各个方面，是企业管理的基础，能够为企业的发展和员工的行为提供方向性指导，保证企业的可持续发展。

企业文化影响着经营活动，经营行为体现着企业文化。通过企业的经营行为，企业文化不仅使各类管理工作得以顺利实施，最大限度地统一员工意志，规范员工行为，凝聚员工力量，而且能使每一位员工在团队中发挥积极作用，使企业的各项管理工作得以顺利开展，企业能够稳定、和谐地发展。

企业文化不能随意改变，它应该与企业的发展阶段紧密相连。稳定的企业文化更容易吸引人才，提高员工忠诚度。优秀的企业文化应在内部协调、环境适应性和对企业的效益等方面表现良好。高层管理者的行为与企业价值观具有高度的相关性。企业文化在一定程度上影响着企业管理者的领导能力和自我效能。企业文化的参与对员工工作满意度有显著影响。员工工作满意度的提高与企业的支持文化密切相关。企业文化中的使命感会影响员工的行为，最终影响企业的绩效。

（二）企业文化认同

最早的企业文化认同研究始于社会认同理论的研究。泰费尔和图尔默提出了每个人都属于特定社会群体的社会认同理论，并从这个本体中找到了符合自己价值观的概念。阿什福斯和梅尔在社会认同理论的基础上提出了组织认同的概念。他们认为，组织认同是个体对组织理念和行为的认同和支持。企业文化作为企业最核心、最具差异性的要素，对员工的影响很大。当员工被企业独特的价值观和使命所吸引时，他们会利用企业文化的内容来规范自己的行为，寻求组织认同。组织认同是员工自觉接受企业价值观和管理理念，将其内化为情感归属状态，在工作态度和行为上与企业要求保持一致的过程。

企业文化认同的定义主要集中在三个方面：认知定义、情感定义和综合定义。在认知定义上，阿什福斯认为企业文化认同是对员工与企业文化一致性的认知。1998 年，普拉特还将企业文化认同看作一种心理认知，即员工认同企业的使命、价值观和制度规范。在情感性的定义上，奥赖莉和查特曼认为企业文化认同是员工被企业文化所吸引后对企业的情感归属，并希望利用企业文化的典型特征来定位自己。为了获得情感上的满足，范迪克指出，企业文化认同是对员工企业价值观和成员资格的认同，由此产生的组织归属感。综合定义包括员工对企业文化的认知、情感归因和行为。帕肯指出，企业文化认同是企业众多员工对企业经营理念和行为规范的认同，并努力在企业文化中与企业其他成员保持一致的行为。

三　沙特阿拉伯中资企业员工文化认同

企业的名声和地位不仅能够代表企业目前的品牌形象，同样是该企业未来发展潜力以及与同行业竞争力的有效证明，是企业员工文化认同的主要影响因素之一。拥有良好声誉并且处于较高行业地位的企业能够为员工提供更好地展现自我的平台，能够给员工提供更广阔的发展空间以及员工所追求的物质条件，同时也能够使员工处于较高的社会层次之中，能够对员工的企业文化认同感的提升起到积极的推动作用。企业的不断发展能够提升员工对企业文化的认同感，员工对企业文化的认同感得到提升也能够推动企业的不断发展，二者是相辅相成的关系。

如何提升企业员工文化认同？企业文化是该企业在建设理念、价值观念、企业目标和信念等方面的综合体，是企业在运行过程中、企业管理层和员工在长时间的互相磨合中逐渐形成的。企业文化的构建应该是贯穿在企业的各个层级、各个部门、各个企业发展时期的各个方面。企业的管理层对于企业文化的制定要具有长期性、持续性和可行性，从长远的角度出发，提升企业文化操作性，最好将企业文化建设纳入企业的制度建设。企业文化的构建需要在符合社会的现阶段主流思想的基础之上凸显企业自身的特点，每个企业的文化在每个历史时期的发展和特点都不尽相同，只有企业的文化特点能够符合员工的各种条件时，员工才会提升企业文化的认同感。

此次访谈的一位能源工程承包企业的外籍员工是某二期项目施工质量控制经理。他有 18 年工作经验，一直从事施工管理及质量控制工作，曾参加过沙巴哈 NGL 电站、阿拉法特铁路、达赫兰住房等多个阿美石油公司项目建设，对阿美质量管理体系有着独到、深刻的理解。同时，他有着在多家中国工程企业工作经历，熟悉中国人的思维方式，懂得如何与中国团队共事。来到中资企业工作三年多，凭借着以上两大经验优势，成为该项目核心技术管理团队中的一员。

该员工担任着 IK 质量控制经理，他不但是关键工艺的核心管理成员还是中方管理人员与外籍员工之间沟通的桥梁。在日常的现场质量控制过程中，他始终严格按照阿美质量标准规范进行管理，每天坚持到现场检查质量、解决问题。监督项目质量控制和现场活动，审查、批准内部和分包商 QC 文件，与阿美协商解决质量问题等工作上均发挥了积极的作用。

他积极工作，始终认为团队工作是"项目执行"中的一个关键点，每当现场工程师遇到他们无法解决或不能理解的问题时，作为质量控制经理的他会立即召集我方工程师召开特别会议，提出解决问题的办法，并确保及时向业主反馈。当下属态度消极时，他会放下管理者的架子，主动找下属谈心，找出其消极怠工的真正原因，鼓励下属提升信心。正是由于有着对企业的认同，他帮助公司在属地化用工管理上减轻阻力；同时，他的奉献精神和专业态度赢得了当地员工的尊重。团队的协调、相互帮助和相互支持，共同朝着项目完工的目标奋斗。他经常告诉身边的外籍同事："我们应当牢牢把握住'一带一路'发展机遇，依靠中国的企业为我们提供的高质量工作平台，用智慧和汗水建造我们美丽的家园，用辛勤和努力创造财富，用真诚和付出来维护中沙友谊。"

第六章

沙特阿拉伯中资企业人力
资源管理与员工就业

随着经济全球化进程的加快，中资企业在沙特阿拉伯市场参与国际化竞争的程度不断深入，作为支持企业持续发展的战略性资源，人力资源的地位也日益凸显。因此，如何适应"一带一路"背景下动态多点的国际竞争环境，积极应对复杂多变的国际人力资源管理竞争态势，进一步优化企业的人事管理制度、调节员工的就业结构、完善企业劳务用工制度及调动员工积极性，从而更好地协助企业走向规范化、科学化管理之路，是沙特阿拉伯中资企业当前亟须解决的重要问题。

本次调研对沙特阿拉伯中资企业员工的就业与收入情况做了较全面的分析。通过问卷调查、实地观察、员工代表访谈交流、整理汇总历史资料等手段，基本了解了沙特阿拉伯中资企业的人力资源管理情况、劳务用工现状以及企业员工的收入分配情况，并就沙特阿拉伯中资企业在上述各个环节中出现的问题进行了重点分析。本章内容分为三个部分，第一部分分析了沙特阿拉伯中资企业人力资源的开发与管理情况，并着重分析企业在人力资源管理方面存在的问题；第二部分分析了沙特阿拉伯中资企业劳务用工及员工就业情况；第三部分分析了沙特阿拉伯中资企业员工的收入分配情况。

第一节　沙特阿拉伯中资企业人力资源的
开发与管理

本节将基于调查问卷的数据，详细分析沙特阿拉伯中资企业人力资源现状，并就相关问题进行诊断分析，为研究沙特阿拉伯中资企业人力资源的开发与管理提供现实依据。

一　沙特阿拉伯中资企业人力资源的总体状况

伴随着沙特当前经济结构的调整与国际市场竞争环境的改变，对于沙特境内经营的中资企业而言，其人力资源结构及总量都在逐步调整及变化。这里我们将从人力资源现状、人力资源结构两个方面进行详细分析，从而对沙特中资企业人力资源状况有一个总体认识。

（一）企业人力资源现状分析

1. 员工构成情况

基于有效样本中沙特中资企业受访员工的构成情况，我们分别计算出了女性员工、沙特籍员工、中国籍员工以及其他国家员工的构成比例，如表6－1所示。统计检验证明：企业员工构成以非沙特籍员工为主体，平均值占比58.23%，其中，中国籍员工占比53.85%为最高；受沙特政府规定的"沙化率"分级制度影响，沙特籍员工构成仅次于中国籍员工，平均值占比41.77%，且呈上升趋势。

在性别结构方面，从表6－1、表6－2可以看到企业员工构成的性别差异较为明显。表6－1，在所有参与调查的企业员工中，男性受访者为绝大多数，占97.09%。受当地传统和宗教的影响，加之社会性别意识的阻碍，女性员工构成仅占平均值的

2.91%，并且这一状况也凸显在企业规模类型分布中，男性比例明显高于女性。从表 6-2 我们可以看到，女性员工在各企业规模类型中占比仍然较少，其中，中型企业中女性员工最多，平均值占比 5.21%，与之相对的是，大型企业中女性员工占比最少，仅为 0.99%。

表 6-1　　　　　　　　　　　企业员工构成

各类员工占比	均值（%）	标准差（%）	最大值（%）	最小值（%）
女性员工	2.91	6.57	25.00	0.00
沙特员工	41.77	27.32	91.18	0.00
中国员工	53.85	27.72	100.00	8.82
其他国家员工	4.38	13.49	55.24	0.00

表 6-2　　　　　按企业规模大小划分的企业女性员工构成

	企业规模类型	均值（%）	标准差（%）	最大值（%）	最小值（%）
女性员工占比	小型企业	4.23	8.62	25.00	0.00
	中型企业	5.21	8.67	20.00	0.00
	大型企业	0.99	2.45	9.66	0.00

结合表 6-1、表 6-2 的数据结果可以看出，目前沙特劳动力市场机制有所变化，本国劳动力在人力资源市场的比例呈增长态势，但沙特普遍依赖外籍劳工的现状并未彻底改变，本国劳动力尤其是女性劳动力的经济参与程度低。沙特阿拉伯经济的发展虽然长期依赖大量外籍劳动力，但在外籍劳工雇佣机制上，性别差异仍是阻碍外籍女性劳工进入沙特劳动力市场的主要因素。

2. 岗位结构情况

表 6-3 显示，在岗位结构方面，按中资企业规模划分标准分组，受访者中的非管理人员占据了大多数，达到总数的 70.23%；

管理人员相对较少，占比 29.77%。其中，中高层管理人员（包括副董事长、总经理、副总经理、部门经理等）平均值占比最多的是小型企业，占 29.12%，而大型企业占比仅为 3.36%；技术人员和设计人员在小型企业中平均值占比 4.02%，大型企业中占比 14.59%；非生产员工（包括职能部门员工、各部门干事及主任、调度员、计划员等）平均值占比最多的是小型企业，占46.42%，大型企业占比最少，为 17.16%。在员工岗位结构方面，小型企业与大型企业员工构成差异十分明显，员工岗位分布基本符合沙特中资企业规模及企业人力资源配置的要求，符合国际人力资源管理实践规律。

表 6-3　　　　　　　　按企业规模大小划分的企业员工构成

	企业规模类型	均值（%）	标准差（%）	最大值（%）	最小值（%）
中高管理层占比	小型企业	29.12	14.68	50.00	9.09
	中型企业	8.43	3.97	13.16	2.94
	大型企业	3.36	4.69	14.87	0.06
技术人员和设计人员占比	小型企业	4.02	9.93	30.00	0.00
	中型企业	10.29	11.13	26.47	0.00
	大型企业	14.59	13.80	50.00	0.00
非生产员工占比	小型企业	46.42	28.60	90.91	0.00
	中型企业	42.92	43.75	93.94	5.00
	大型企业	17.16	29.90	95.17	0.40

3. 员工年龄分布情况

表 6-4 显示了按性别划分的受访企业员工的年龄分布情况。从总体平均年龄上看，18—25 岁的员工表现出明显的性别差异，

其中女性占比36.67%，男性占比8.57%，女性员工占比是男性员工的4倍有余；26—35岁的员工是企业管理与生产的主力军，占比达六成以上，其中女性占比63.33%，男性占比62.14%，年龄分布没有明显的性别差异；36岁及以上的员工仅为男性，占比29.29%。

表6-4　　　　　　　　　按性别划分的员工年龄分布

	18—25岁（%）	26—35岁（%）	36岁及以上（%）
男性员工	8.57	62.14	29.29
女性员工	36.67	63.33	0

　　根据上述分析可以看出，受访企业员工年龄结构符合沙特中资企业人力资源规划要求，员工年龄分布相对合理，且趋向于年轻化。青年员工是企业发展的生力军，更是企业参与国际化竞争的中坚力量。沙特中资企业大部分属于年轻化的企业组织，与中国海外企业的发展战略定位相匹配，在市场开拓与发展进程中，可以充分发挥出老员工稳重且经验丰富、年轻人积极有冲劲的特点。其次，从企业员工年龄的性别差异可以看出，沙特政府正在积极推行"2030愿景"改革计划，努力提高女性在劳动市场的参与率，同时展现出沙特政府向平权迈出一大步的决心。随着沙特社会的逐步开放，不可忽视的是劳动力市场的开放将会使得越来越多的沙特女性走上工作岗位，成为劳动力增长的一个重要组成部分。沙特政府能否在2030年达到女性劳动力参与率30%的目标，将是今后调查研究的关注重点之一。

　　4. 员工受教育程度

　　表6-5显示了按年龄分组的受访企业员工的受教育程度分布情况。在学历结构方面，员工受教育程度差别主要体现在年龄分布上。18—25岁的员工中，具有小学学历的员工占比仅为

5.71%，具有中等学历的占比45.71%，具有本科及以上学历的占比48.57%，该年龄段员工具有中等学历和本科（及以上）学历的人数相当，无明显差异；26岁以上的员工受教育程度明显提高，具有小学及以下学历的员工占比小于3%，而具有中、高等学历者占比则达到90%以上，其中具有本科及以上高学历的员工人数大于60%。从统计结果来看，在各年龄段员工中，具有中、高等学历者居多，与之相对的是低学历员工较少。

表6－5　　　　　按年龄组划分的员工受教育程度分布

最高学历	18—25岁（%）	26—35岁（%）	36岁及以上（%）
未受过教育	0.00	0.52	0.00
小学学历	5.71	2.07	2.44
中学学历	45.71	32.12	36.59
本科及以上	48.57	65.28	60.98

（二）企业人力资源结构分析

1. 中高层队伍结构分析

作为企业各项工作具体指导和推进的层级，中高层队伍主要由副董事长、总经理、副总经理及各部门经理等人员构成。这里将从国籍分布、性别分布、派遣时间、外语能力四个维度描述分析沙特中资企业的中高层队伍构成情况。

（1）国籍分布情况。从表6－6数据可以看到，参与本次调查的受访人员中，中高层管理人员平均占比14.62%，其中中国籍员工是中高层队伍的主力军，平均占比82%，甚至个别企业中高层管理者仅限于中国籍员工；沙特籍中高层管理人员占比12.69%，最大值为60.00%。在中高层队伍构建方面，国籍差异十分明显。统计结果表明，沙特中资企业管理层仍以中国籍员工为主。

表6-6　　　　　　　　　企业中高层管理员工构成

	均值（％）	标准差（％）	最大值（％）	最小值（％）
中高层管理员工占比	14.62	15.69	50.00	0.06
中高层管理人员中沙特员工占比	12.69	19.89	60.00	0.00
中高层管理人员中中国员工占比	82.00	25.87	100.00	0.00

（2）性别分布情况。表6-7列出了按性别划分的管理人员分布数据，通过统计可以发现，中资企业管理岗位设置方面仍表现出十分明显的性别差异。在受访人员中，处于管理层的员工比例为35.95％，其中女性占比3.33％，男性占比32.62％，男性管理人员所占比值近女性的十倍。

表6-7　　　　　　　按性别划分的管理人员与非管理人员分布

是不是管理人员	男（％）	女（％）
是	32.62	3.33
否	67.38	96.67
合计	100.00	100.00

表6-8显示了受访企业高层管理者的性别分布情况。从统计数据可以看出，大部分企业高层仅限于男性，占比76.92％，而只有23.08％的受访企业高层中存在女性。性别差异仍然是沙特中资企业高层优化配置的明显阻碍因素。

表6-8　　　　　　　　　　公司高层有无女性占比

有无女性高管	比重（%）
是	23.08
否	76.92

（3）派遣时间。从图6-1可以了解到沙特中资企业高管的平均派遣时间，其中派遣时间为1—3年的占大多数，占比58.07%，4—6年的占比22.58%，而6年以上的仅占16.13%，派遣时间与比值呈递减态势。合理的人事控制权有利于强化企业人力资源管理战略，保持企业活力，派遣时间的合理性也能在一定程度上保证员工工作的积极性，但其劣势主要体现在高层管理岗位轮换的衔接不畅及企业管理效率的降低。

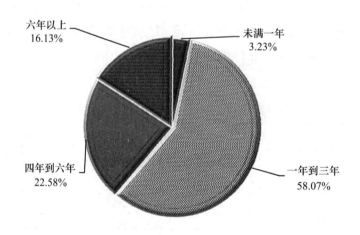

图6-1　中国派到沙特高管的平均派遣时间

（4）外语能力。表6-9、表6-10分别显示了工业、服务业两种行业类型中企业高层管理者的英语水平和阿拉伯语水平。这里分别把企业高管的外语流利程度依次划分为：完全不会、会一点、可以交流、流利和非常流利五个等级。

从表6-9我们可以看出，工业类企业高管的英语水平达到流利（20.00%）及非常流利（35.00%）的占比总和为55%，而服务业企业高管英语水平能达到流利（21.05%）及非常流利（10.53%）的占比总和则为31.58%。从统计数据可以看出，工业类企业高管的英语流利程度明显高于服务业企业高管，两类行业高管的英语水平存在较为明显的差距。

而在沙特语言（阿拉伯语）流利程度方面，服务业高层管理者所具备的外语水平则明显高于工业类高管。工业类企业中"会一点"的占大多数，占比60.00%；服务业高管中，"可以交流"的占大多数，占比52.63%；而阿拉伯语水平能达到"非常流利"的，在两类行业中均为少数，工业类占比5.00%，服务业占比5.26%。参见表6-10。

表6-9 企业高管英语流利程度

	完全不会（%）	会一点（%）	可以交流（%）	流利（%）	非常流利（%）
工业	0.00	5.00	40.00	20.00	35.00
服务业	0.00	10.53	57.89	21.05	10.53

表6-10 企业高管沙特语言流利程度

	完全不会（%）	会一点（%）	可以交流（%）	流利（%）	非常流利（%）
工业	10.00	60.00	10.00	15.00	5.00
服务业	10.53	5.26	52.63	26.32	5.26

语言是文化交流与文明对话的基础，企业高层管理者的语言国际化程度直接影响着企业人力资源管理实践的效果。总体来说，沙特中资企业高层管理队伍结构的缺陷主要体现在管理能力与外语能力不匹配，虽然大多数的高层管理者具有较高学历与较

强的管理能力，但自身外语水平总体偏低（尤其是阿拉伯语），且多数没有留学背景和经历，这一情况很大程度上限制了企业在团队建设与管理上的沟通效果，同时影响了企业在国际合作与文化交流中的主动性与能动性。

2. 基层队伍结构分析

作为执行层的基层队伍主要包括一线工人、生产员工、生产辅助人员、一般管理人员等。基层员工是战斗在生产一线的核心力量，是企业人力资源的主要构成成分，也是企业实现人力资源战略目标的中流砥柱，企业的生产运营乃至行业竞争实力很大程度上取决于基层队伍结构的合理性。

通过调查走访，我们基本了解了沙特中资企业基层队伍的结构情况，从本次收集数据来看，企业基层队伍主要由一线工人或生产员工构成，占比均值为38.19%，其次是非生产员工，占比34.13%，而技术和设计人员占比最小，仅为9.11%。总体上看，沙特中资企业基层队伍结构较合理，符合企业人力资源组织结构的基本规律。参见表6-11。

表6-11　　　　　　　　企业基层人员构成

	均值（%）	标准差（%）	最大值（%）	最小值（%）
技术人员和设计人员占比	9.11	12.33	50.00	0.00
一线员工或生产员工占比	38.19	36.39	98.88	0.00
非生产员工占比	34.13	33.79	95.17	0.00

表6-12显示了企业一线工人或生产员工的构成情况。其中，中国籍员工占比均值为45.73%，沙特籍员工占比均值为40.23%，其他国家员工仅为14.05%。统计结果表明，企业基层队伍主要由中国籍员工和沙特籍员工构成，两者在各工作岗位所占比值差异不大。

表6-12 企业一线工人或生产员工构成

	均值（%）	标准差（%）	最大值（%）	最小值（%）
一线员工或生产员工占比	38.19	36.39	98.88	0.00
一线员工或生产员工中沙特员工占比	40.23	34.12	100.00	0.00
一线员工或生产员工中中国员工占比	45.73	33.44	100.00	0.00
一线员工或生产员工中其他国家员工占比	14.05	18.43	100.00	0.00

通过上述分析可以了解到，目前沙特中资企业人力资源结构中的各层级构成，仍然以中国籍员工为主体，虽然沙特政府自2011年9月开始实行"沙特化"分级制度，要求所有在沙特经营的企业必须雇用一定比例的沙特籍员工，并以该制度作为考核企业是否达标的政策依据，同时实行对应奖惩措施，以达到提高本国国民就业率的根本性目的，然而在该制度下，大多数中资企业对于当地劳动力的雇用仍然表现出为难之意，个别企业甚至仅达到"及格"标准，沙特籍员工劳动技能、学历水平等总体不高以及薪资方面的高要求，是阻碍中资企业国际化雇佣及劳动力资源本土化的客观因素，一定程度上影响着"沙特化"制度的推行效果。

二 沙特阿拉伯中资企业人力资源管理现状分析

随着"一带一路"倡议的不断推进，越来越多的中国企业开始走向海外市场，致力于国际市场的拓展，并且取得了可喜的成绩，有力地促进了中沙合作的深化。但是，在拓展国际化市场期间，沙特中资企业也受到多种因素的制约，其中主要体现在当地经济、法律法规以及传统人力资源管理机制等诸多方面。

从沙特劳动力市场环境来看，2011年9月沙特劳工部为有效推行《劳动法》而颁布了新的法规，旨在推动劳工沙特化，为本国求职者提供就业机会的"分级"计划。近年来，沙特政府以"2030愿景"为目标导向，致力于开拓国内的人力资源市场，拟定出科学的人力开发总战略，基于全局与战略层面作为切入点，对"沙特化"政策进行巩固加强，逐渐减少外籍劳动力的数量，将此作为预期实现各阶段王国五年发展计划的重要目标。但"沙特化"政策在本地劳动力市场中的推行却存在诸多阻碍，雇用沙特本国人比例低下、岗位设置单一、性别取舍明显的现象，是由多种主、客观因素造成的。主观上，中资企业认为"沙特化"政策在一定程度上妨碍了企业的生产和经营，有52.63%的工业类企业认为这一规制政策对企业生产经营妨碍程度为"中等妨碍"，21.05%认为妨碍程度为"较大妨碍"，5.26%认为妨碍程度为"非常严重"；对于服务业来说，有57.89%的企业认为妨碍程度为"有一点妨碍"，21.05%认为妨碍程度为"中等妨碍"，而认为妨碍程度为"非常严重"的占比10.53%。客观上，沙特籍劳工所表现出的高成本、较为低下的工作效率与性别隔离等特征，仍然主导着中资企业对沙特本土劳动力的取舍，类似因素在短期内无法有效调和，成为"沙特化"政策在中资企业层面推行的现实障碍。

从企业内部来看，对于沙特中资企业来说，虽然存在相应的人力资源管理理念，管理能力也在逐渐提升，但由于中沙两国之间存在的国别地区差异、企业经营环境的不稳定性，以及企业内部自身文化、体制等方面的差异，导致劳动力资源流动性差，人才流失现象也十分突出，大部分企业一方面缺乏人才，难以找到适合企业发展的人才；另一方面又留不住人才，大量的优秀人才流入外资企业或"回流"至境内。通过调查结果及走访，我们了解到，沙特中资企业在海外的经营过程中，面临着内部体制僵化、决策机制约束、管控模式失灵等问题，在人力资源的开发与管理方面仍然凸显出观念滞后、结构不全等问题，对企业今后的发展产生了严重影响，也带来了巨大的挑战。

（一）企业人力资源管理理念方面存在的问题

沙特部分中资企业在很大程度上受传统机制、组织结构、管控模式等因素的影响，导致企业的国际竞争力处于相对较弱的地位，缺乏较为成熟的发展模式。

在人力资源管理理念方面，管理层没有树立正确的战略性人力资源管理观，缺乏对人力资源管理的正确认知，依旧停滞在传统的观念上，没有将这项工作与企业国际化发展战略充分融合。目前，一部分沙特中资企业人力资源管理理念和实践还是注重对本国员工的管理，缺乏与沙特籍员工的沟通意识，极少从国际化视野去管理员工，企业人力资源管理还处于一个国际化程度较低的运作状态。

在人力资源管理投入方面，有的中资企业管理层没有形成正确的投资观，通常将这项工作视为缺乏技术含量，只是初级的管理工作，不需要特殊技能，长时间以来，管理层没有对该部门的岗位设定、人员配置等工作予以高度重视；此外，部分企业管理者经常在投资观与成本观之间徘徊不前。一是表现在人力资源管理部门完善、岗位设置、薪酬福利等人力资源管理投资方面的犹豫不定；二是表现在生产任务与企业员工专业知识、生产技能的培训开发方面，侧重生产任务，忽视员工培训开发，迫使人力资源管理体制为生产任务让路，一定程度上限制了企业自身的发展。

（二）企业人力资源管理部门存在问题

通过调查走访我们了解到，沙特中资企业人力资源管理部门的主管人员及员工大多来自国内母公司外派，相当一部分人员原来并无从事人力资源管理的相关背景，缺乏人力资源管理的专业技能，也缺少对当地劳动政策的学习与研究，加之语言方面的障碍，更增加了从业人员从事相关工作的难度，同时，管理人员的高流动性也阻碍了人力资源管理工作的有序进行。[①]

目前，沙特中资企业人力资源管理部门存在的问题主要体现在以下三个方面：

第一，该部门的员工很多精力仍旧停留在传统的人事管理方面，所负责的工作内容主要包括发放工资、处理人际关系、处理档案资料以及办理社会保险等，但是对沙特当前实施的劳动就业规定则并不非常了解，而且也没有对现代企业人力资源管理理论有着充分掌握，实践操作能力不强，导致各项人力资源管理工作无法有序开展，自然也就无法发挥出战略性作用，从某种程度上来看，也对人力资源管理职能产生了一定的抑制作用。

第二，很多企业的人力资源管理部门在制定体系文件时，通常会缺少实用性，管理工作仍旧停滞于文档管理层面，在描述员工的岗位职责时，太过于流程化，描述的内容也非常笼统，并未明确说明员工的职责、权限以及义务，缺少科学合理的工作评估体系，进而致使职位管理处于紊乱状态，管理层次无法明确划分，而且也缺乏完整的岗位说明书，岗位职能与各方面没有形成较强的关联性，体现在绩效目标、培训以及招聘等诸多方面，与此同时，也不具备战略性人力资源管理体系，无法实现与国际市场接轨的目标。

第三，部分沙特中资企业缺乏统一的人力资源管理信息系统，企业人力资源管理活动仍处于手工处理的初级阶段，员工信息分散在人力资源管理部门，国内母公司无法及时了解、掌握每个员工的具体人事信息，人力资源管理部门对各项业务的处理仍表现为信息滞后、流程繁琐、办事效率低下，尚未达到系统化、一体化、窗口式服务水平。

---

① 刘文勇：《中石化企业集团在沙特人力资源管理存在问题与对策探讨》，《现代经济信息》2015 年第 6 期。

（三）企业人力资源规划方面存在的问题

近年来，由于外部经营环境的变化，很多在沙特的中资企业十分重视人力资源规划，从而保证了企业可以适应瞬息万变的竞争环境。然而，随着人力资源规划的推广与应用，在此过程中，我们也意识到很多企业仍在制定规划时面临很多困难与挑战。战略性地看待人力资源规划是广大企业，特别是沙特中资企业应该特别予以关注的问题。

在一个企业的发展中，人事权的归属尤为关键，而且也是企业战略与管理思路的重要体现，通过制定科学有效的人事控制权，则可以有效提升管理效率，与此同时，若是具备较佳的人事晋升制度，也可以激发出员工的积极性。经调研后发现，很多沙特中资企业在这一领域缺少独立的海外人事决策机制，对于外派职工的人事关系来说，大多是由公司总部或者母公司负责管理，总部负责决定职工在沙特工作的时间以及职业规划，而有的分公司则无权干涉外派员工的升职与岗位变化，基于劳务用工层面来看，则表现出以下几种特点，即短期性以及临时性，公司与员工之间无法构建长期有效的契约关系。除此之外，在进行人力资源管理时，对于外派职工来说，企业则将其视为"经济人"，并未视为"企业人"的身份，最后导致外派员工的内心缺少归属感，而且也不被认同。从长远的角度考虑，很多企业并不具备稳定可靠的人力资源市场。

部分企业的人力资源组织结构受到内部体制以及机制约束等多种因素的影响。通常情况下，在进行人力资源管理的过程中，体现为粗放式的模式，没有科学合理的内部劳务管理机制，不具备长期的国际人力资源管理发展规划。

其次，从沙特中资企业的组织构架来看，部分企业在人力资源政策管理上采用的是"双轨制"模式，在员工工资待遇、职业发展规划、人员晋升等方面缺乏统一的标准和制度支撑，企业在海外的人力资源管理自主性不足，对于员工尤其是管理层人员的人事任免和调整大多需向国内母公司汇报，由国内母公司负责统筹协调，客观上反映出了企业人力资源管理体系的不完善。企业人力资源规划与企业战略相分离，很大程度上影响着中资企业在沙特市场的竞争力。

（四）员工招聘与选拔的现状及问题分析

1. 招聘现状及问题

结合表 6-13 的调查数据和对企业有关资料的分析发现，应聘者缺乏岗位所需技能的现象最为突出，其中工业类企业占比45.00%，服务业类企业占比 44.44%，其次是员工期望薪酬过高，工业类占比 42.11%，服务业占比 31.58%。不同行业类型的企业在员工招聘过程中所遇到的问题主要集中在应聘者缺乏岗位所需技能和应聘者对薪酬期望过高两个方面。值得注意的是，由于应聘者语言能力不足造成交流困难，也是企业在员工招聘过程中遇到的较大阻碍，其中工业类企业占比 21.05%，服务业类占比 15.79%。

表 6-13　　　　　　2017 年企业招聘遇到的问题类型

	求职者过少（%）	缺乏所需技能（%）	期望薪酬过高（%）	对工作条件不满（%）	交流困难（%）
工业	15.00	45.00	42.11	31.58	21.05
服务业	16.67	44.44	31.58	26.32	15.79

以上是从应聘者角度观察企业在招聘过程中所遇到的问题，而从企业自身来看，企业在员工招聘和选拔方面也存在着招聘制度不规范、招聘方法不科学、招聘渠道单一、内部选拔机制不合理等问题。

首先，招聘制度不规范。部分企业缺乏系统、规范的招聘制度，通常只在劳动用工等规章制度中提及招聘的原则、途径及程序，缺乏科学的工作分析，从而在一定程度上导致招聘存在盲目性；虽然用人部门根据实际生产经营需要向企业人力资源部门提出了书面申请，并附上任职条件、岗位职责说明等招聘条件，但通常无法客观准确地反映岗位的实际要求，所招聘的员工不一定能胜任其所在岗位，加上沙特中资企业的人事关系依存于国内母公司，照顾员工亲属进入，通过中高层管理者私人关系进入的现象更是难以避免，从而导致企业内部出现人员同质、缺乏异质互补、人才竞争活力衰弱等问题。

其次，企业招聘方法缺乏科学性。很多企业在进行招聘时，并未采用科学的方法对求职者进行筛选，通常情况下，均是先按照简历的质量水平进行筛选，之后邀请求职者进行一般性面试，事实上，只有科学的"量"才方式才可以测试出求职者的实际能力，主要包括以下几种方法，即现代心理学、评价中心技术以及情境模拟测验方法，企业在招聘过程中基本没有采用过。

再次，招聘渠道单一。从表6-14的统计结果可以看到，员工获得现有工作的主要途径集中在通过亲戚朋友、直接来企业应聘、在职业介绍机构登记求职、看到招聘广告。有33.01%的员工获得现有工作是通过亲戚朋友介绍，23.62%是直接到企业应聘，14.56%的员工是通过在职业介绍机构登记求职，12.30%是看到招聘广告获得现有工作。员工招聘渠道主要集中在熟人介绍和企业直聘，其弊端在于：一是，很难吸引工作经验丰富的优质人才；二是，在组织内部，人才同质化水平比较高，无法产生良好的竞争意识，也不能做到居安思危，最后导致缺乏创新性与创造力。

表 6 – 14   员工获得现工作的主要途径

获得此工作主要途径	频数（个）	百分比（%）
在职业介绍机构登记求职	45	14.56
参加招聘会	12	3.88
通过学校就业中心	4	1.29
看到招聘广告	38	12.30
通过亲戚朋友	102	33.01
直接来企业应聘	73	23.62
雇主直接联系你	29	9.39
其他	6	1.94
合计	309	100.00

　　最后，缺乏科学有效的内部选拔机制。少数企业在构建内部选拔机制时，并未综合多个方面考虑，而且也未科学构建人才梯队，也不具备完善的后备人才库。企业的内部选拔工作在程序、方法等方面一定程度上缺乏科学性、规范性和公平性，尤其是对待中国籍和外籍员工职业晋升的公平性上未较好的得到个别企业的重视，没有形成有效的竞争机制，在员工职业晋升制度方面存在着优先选拔中国籍员工，给予其更多的职业晋升机会的情况，而没有从国际化视野给予外籍员工公平的竞聘机会，使得其没有享受到公平待遇，致使很多外籍员工表示强烈的不满，打击了外籍员工的工作积极性。内部选拔机制的不公平，无时不暴露出中资企业潜在的文化差异，这样一来，则对接下来各项工作的开展造成了很多不利影响。

　　2. 职业晋升与选拔

　　表 6 – 15 显示了按性别划分的企业员工的职业晋升状况，其中男性员工获得职业晋升的有 29.86%，而女性员工获得职业晋升的仅占比 6.67%。通过数据比较可以看出，男性员工职业晋升机会远高于女性，性别差异仍是阻碍女性获得职业晋升的重要因素。

表6-15   **按性别划分的员工的职业晋升状况**

进本企业后是否有职业晋升	男（%）	女（%）
是	29.86	6.67
否	70.14	93.33
合计	100.00	100.00

（五）员工培训与开发的现状及问题分析

针对当代企业管理而言，其实质即为以人为中心，企业在发展的过程中，重点强调的是"以人为本"，人类是一切知识、技术以及信息等的载体，人力资源也是企业的重要资源，起到了不可或缺的作用。事实上，基于企业之间的竞争考虑，也可以将其理解为人力资源的竞争。因此，企业若想获得人力资源方面的竞争力，就必须适应外部发展与变化的趋势，充分利用企业的优势，采取科学的培训方法，致力于提升人力资源管理效率，从而为企业发展打下坚实的人才基础。

表6-16统计数据显示，所有受访企业2017年培训次数均值为180.12次，培训沙特籍员工均值为731.31人，其中工业类企业培训员工次数最多，均值为252次，而与之相对的服务业企业仅为7.6次。

表6-16   **企业培训人员规模与次数**

	均值	标准差	最大值	最小值
2017年培训的沙特员工人数	731.31	1968.11	8000	1
2017年培训的次数	180.12	390.77	999	1
工业企业员工培训次数	252.00	450.47	999	1
服务业企业员工培训次数	7.60	7.77	20	1

表 6-17 显示了按企业类型划分的员工培训类型。工业类企业对员工培训的主要类型占比依次排序为：安全生产（76.92%）、工作专用技能（61.54%）、职业道德与责任心（46.15%）、英文读写（38.46%）、计算机或一般 IT 使用技能（23.08%）、管理与领导能力（23.08%）。统计结果显示，工业类企业对员工培训的类型较为均衡，最为重视的是员工安全生产知识的储备及工作专用技能的培养，而服务业类企业则主要对员工进行工作专用技能（60.00%）及安全生产（40.00%）两个方面的培训，值得关注的是服务业类企业在英文读写方面未对员工进行培训。

从图 6-2 可以了解到受访企业没有开展正规培训的原因，有66.68% 的企业认为不需要，9.52% 的企业对培训没有概念，9.52% 认为缺乏企业工作相关的培训项目，4.76% 的企业则认为培训质量较低，故没有开展员工正规培训。

表 6-17   企业对员工培训的类型

	管理与领导能力（%）	人际交往与沟通技能（%）	写作能力（%）	职业道德与责任心（%）	计算机或一般IT使用技能（%）	工作专用技能（%）	英文读写（%）	安全生产（%）	其他能力（%）
工业	23.08	7.69	15.38	46.15	23.08	61.54	38.46	76.92	0.00
服务业	20.00	20.00	20.00	20.00	20.00	60.00	0.00	40.00	20.00

调查表明，培训作为人力资源管理的重要职能在沙特中资企业未得到充分发挥的原因主要有以下几点：

第一，部分企业在员工培训与开发方面缺乏战略认识，未意识到人才储备的重要性，只是着眼于员工所带来的短期经济效益，缺少对员工职业生涯的规划，不仅无法实现企业的发展目标，而且也不利于员工的职业生涯发展。

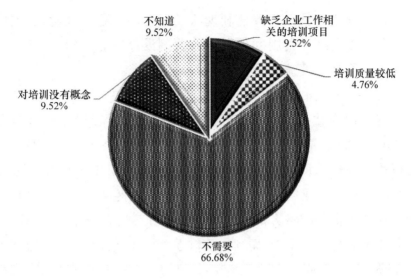

图 6 - 2　公司没有正规培训的原因

　　第二，部分企业尚未建立完整的人力资源培训体系，只有简单的培训管理制度；缺乏对培训的需求分析，只是根据企业的生产计划安排培训项目；培训缺乏计划性，培训投入较大但效果不理想。

　　第三，培训内容老套、培训方式单一，大多只是以传授基本知识和技能为主，培训学习的环境气氛设计考虑不充分，员工缺乏自主性与积极性，培训出勤率低。

　　第四，缺乏科学的培训效果评估体系，不能对培训结果进行合理评估，与此同时，也无法充分意识到培训的实际价值，再加上员工无法进行意见反馈，对后续的培训工作是非常不利的。

　　（六）员工薪酬福利现状及问题分析

　　近年来，沙特中资企业员工薪酬福利制度得到了一定发展，在企业经营中日益受到重视。但由于员工薪酬福利制度在沙特中资企业执行时间还不长，发展起步较晚，针对企业现行的薪酬福利制度并结合调查结果和员工访谈结果进行分析，我们基本了解了沙特中资企业员工薪酬福利现状及存在的问题：现阶段沙特中资企业员工薪酬福利制度仍存在着薪酬设计缺乏针对性、激励手段单一、薪酬制度缺乏公平性等主要问题。

表 6-18 显示了按企业类型划分的员工福利待遇比较。从表格数据可以看出绝大多数的工业类企业存在加班现象，占比达60.00%，而服务业企业加班情况较少，占比 16.67%，两种类型的行业存在较为明显的差异。在员工食堂配备或午餐安排方面，有 80.00% 的工业类企业、27.78% 的服务业企业提供了相应福利；在员工宿舍配备方面，有 95.00% 的工业类企业、47.37% 的服务业企业提供了相应福利；而在员工文体活动中心的配备上，有 55.00% 的工业类企业设置有专门的员工文体活动中心，只有16.67% 的服务业企业提供对应福利。从员工食堂配备或午餐安排、员工宿舍及员工文体活动中心配备三个维度来看，工业类企业和服务业企业的福利待遇差异较为明显，工业类企业员工的福利待遇明显好于服务业。工业类企业绝大多数为国有企业，而服务业企业中存在一定比例的私营企业，企业所有制性质的不同也能从侧面反映出员工薪酬福利待遇的差异。

表 6-18 企业福利待遇比较

	是否有加班（%）		是否有员工食堂或午餐安排（%）		是否提供员工宿舍（%）		是否有员工文体活动中心（%）	
	是	否	是	否	是	否	是	否
参与国际标准化制定	100.00	0.00	75.00	25.00	75.00	25.00	50.00	50.00
没有国际标准化制定	53.33	46.67	80.00	20.00	100.00	0.00	53.33	46.67
工业	60.00	40.00	80.00	20.00	95.00	5.00	55.00	45.00
服务业	16.67	83.33	27.78	72.22	47.37	52.63	16.67	83.33

从图 6-3 我们可以了解到企业对外籍员工的激励手段主要体现在现金奖励（36.79%）、晋升（30.43%）、荣誉证书（15.72%）、假期奖励（10.70%）四个方面。在福利设计方面，部分企业的福利保障仅能满足当地法律的最低要求，福利设计缺乏针对性，激励手段相对单一。

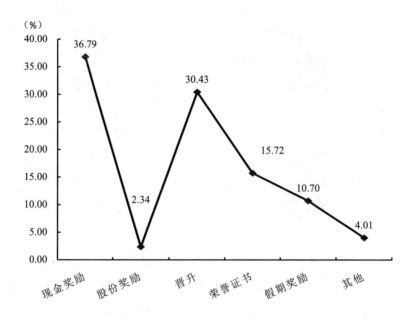

图 6-3　您所在企业对员工的激励机制有哪些？

前面我们提到了沙特中资企业人力资源管理部门存在的问题，其中以缺乏专业管理人员较为突出。因此，在缺少专业人员的支持下，部分企业虽根据自身情况并结合当地政策法规，将中国籍员工和外籍员工的薪酬福利管理"一分为二"区别开来，但却未形成完整的体系。在薪酬管理方面，当前的薪酬制度并不完善，也没有制定科学的岗位薪酬要素，一般仅体现在固定薪酬方面，但是却对浮动薪酬没有充分的重视，相对过于主观性和随意性，缺乏规范性，也缺少合理的绩效管理措施。

目前，沙特中资企业外籍员工的薪酬福利体系虽已基本建立，但部分企业的薪酬福利体系仍表现出较为朴素、粗放的特点，没有达到科学化、标准化、流程化和制度化，缺乏统一的薪酬福利管理体系设计。企业在设计外籍员工的薪酬体系时，通常会以适用于国内的薪酬体系作为依据，以企业在国内的付薪价值要素为导向，将学历、资历、经验与职位等静态的人力资源属性进行薪酬价值定位，而对岗位自身价值、员工绩效、员工能力与素质等核心价值创造因素却关注较少，导致核心人才的流失和核心竞争力减弱。其次，在对外籍员工的薪酬定位上，企业基本上是采用随行就市和讨价议价的方式来进行。这样就会出现对于同一个岗位、同一工作职责在同类型企业或项目上出现较大差距。由于企业在对岗位价值的评价上缺乏科学的量化评价工具，因此在岗位定薪和薪酬分配上表现出的更多是感性因素，经营者对外籍员工薪酬的决策基本上只是简单的横向比较，很难做出合理的决策，导致岗位价值之间的差距失衡，员工产生不公平感。[①]

（七）企业劳动关系管理现状及问题分析

对于沙特中资企业来说，人力资源规划、招聘与选拔、培训与开发以及薪酬福利管理等均是人力资源管理工作的重要组成部分。然而，通常情况下，员工劳动关系管理则很少会被重视，事实上，该项工作的优劣程度往往在劳动关系管理这一模块中反映出来。通过调查我们了解到，大多数沙特中资企业较为重视劳动关系管理，遵循劳动合同制度的要求，致力于构建和谐轻松的劳动关系，将本地法律制度作为依据，严格执行最低工资保障制度，但调查过程中仍出现劳动合同管理不规范，订立、解除、终止、变更劳动关系的手续不完备，劳动合同内容不够完善，以及

---

① 刘文勇：《中石化企业集团在沙特人力资源管理存在问题与对策探讨》，《现代经济信息》2015 年第 6 期。

随意解除与员工的劳动关系等问题。目前沙特中资企业的劳动合同或就业协议签订率达到90.61%，有9.39%的员工未能与现企业签订合同，劳动合同签订率有待提高。参见图6-4。

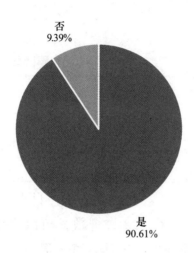

图6-4　是否同企业签订就业协议或合同（$N=309$）

表6-19显示了按岗位结构划分的企业员工社会保险缴纳情况。通过数据可以看出，有92.39%的管理人员享有企业所提供的社会保障，相比之下，企业只为77.83%的非管理人员缴纳了社会保险，两者存在一定差距。

表6-19　　　　　　　管理人员与非管理人员是否享有社会保障

是否享有社会保障	管理人员（％）	非管理人员（％）
是	92.39	77.83
否	7.61	22.17
合计	100.00	100.00

表6-20统计数据显示，沙特中资企业员工所享有的社会保障类型主要体现在医疗保险及养老保险两个方面，有98.82%的

管理人员享有医疗保险，18.82%享有养老保险；非管理人员中，有98.79%享有医疗保险，13.94%享有养老保险，统计检验证明：企业为员工缴纳的医疗保险占比较大，明显高于养老保险占比率。

表6-20　　管理人员与非管理人员享有的社会保障类型（多选题）

享有哪些社会保障	管理人员（%）	非管理人员（%）
医疗保险	98.82	98.79
养老保险	18.82	13.94
其他	1.18	3.03
不清楚	1.18	0.61

综合表6-19、表6-20统计数据可以看出，沙特中资企业为员工缴纳社会保险的情况整体良好，但仍有部分企业只参加社会保险中的一项或两项，其他保险未参加，或更为重视给管理层员工缴纳养老保险，对基层员工关注不够。这样不仅在一定程度上影响了员工的工作积极性，更损害了部分员工的权益。

第二节　沙特阿拉伯中资企业员工的就业情况分析

沙特阿拉伯政府未来的政策趋势是加大力度使经济多元化，摆脱对石油的依赖，其政策构想在2020年国家转型计划（NTP）和2030年愿景中均有提及。随之而来的是多元的企业和多样化的就业，本节介绍了沙特阿拉伯中资员工的就业状况、就业质量以及分析等。

一　中资企业员工就业状况概要

通过了解沙特阿拉伯中资企业整体就业特征、外部就业环境与安全、内部就业稳定性及员工的就业满意度，从就业现状出发，思考存在的问题，结合相关政策进行分析，从而对沙特境内中资企业员工的就业状况有一个总体的认识。

（一）沙特阿拉伯中资企业整体就业特征

沙特阿拉伯中资企业整体就业存在以下特征，首先在行业划分中：工业与服务业各有优势；在所有制经济中，国企一直是员工选择就业的主要方向；在地区上，经济发展状况与就业率呈正相关；在就业流动情况上，小企业人员流动情况低于大中型企业。

1. 工业成为吸纳就业的主体，但服务业就业更灵活

中资企业在沙特运营的大部分为工业，如中石化、中石油等员工上千名的大公司，也有小部分服务业如中国通信沙特分公司、中国外运沙特分公司等员工在百人以内的企业。其中，工业中尤其是能源相关行业成为吸纳就业的主体，但由于部分工作岗位受母国限制，岗位技术性要求高等因素，工业在其员工雇佣程度上不如服务业灵活，如表6-21所示。

表6-21　　　　　　不同行业类型的企业雇佣自主程度

	行业类型	0—19（%）	20—39（%）	40—49（%）	50—59（%）	60—69（%）	70—79（%）	80—89（%）	90—99（%）	100（%）
员工雇佣	工业	22.22	0.00	5.56	11.11	11.11	16.67	11.11	0.00	22.22
	服务业	0.00	6.25	25.00	0.00	0.00	0.00	6.25	12.50	50.00

2. 国有经济一直是创造新增就业岗位的主力，国有企业就业人数不断增多

从全局看，"一带一路"框架下，"走出去"的大多是国企，

在沙特阿拉伯境内，中资企业协会中，也几乎是大型国企，主要有：中国石油化工集团有限公司沙特分公司、山东电力建设三公司沙特分公司、中国工商银行利雅得分行、云南建设投资有限公司沙特分公司、中国铁建沙特分公司、中国电子信息产业集团有限公司沙特分公司、中国通信服务沙特分公司、北京建工集团责任有限公司沙特分公司、中国水电建设集团沙特分公司、中国外运股份有限公司沙特分公司、中国寰球责任有限公司沙特分公司、中石油管道工程局沙特分公司、中国港湾沙特分公司等。这些公司成为了中资企业在沙特吸纳就业的主要力量，就业人数不断增多。

3. 小企业人员流动情况低于大中型企业

现阶段，在沙特阿拉伯，中资企业中人员流动情况大致可分为新增雇佣人员、辞职人员以及净流入人员三种类型。如表 6-22 所示，不同规模的企业中，企业人员流动情况各不相同。其中新增雇佣人员的均值中，大型企业为 176.00%，中型企业（3.00%）与小型企业（0.31%）比例相近；在辞职人员占比的均值中，大型企业为 83.46%，中型企业（2.20%）与小型企业（0.25%）比例相近；在净流入人员的均值中，大型企业（92.54%）、中型企业（0.80%）、小型企业（-0.17%）各不相同。总体看，小企业人员流动情况低于大中型企业。

表 6-22　　　　　　　　企业全部人员流动情况

	企业规模类型	均值（%）	标准差（%）	最大值	最小值
新增雇佣人员	小型企业	0.31	0.85	3	0
	中型企业	3.00	4.12	10	0
	大型企业	176.00	418.91	1500	0

续表

	企业规模类型	均值（%）	标准差（%）	最大值	最小值
辞职人员	小型企业	0.25	0.62	2	0
	中型企业	2.20	1.92	5	0
	大型企业	83.46	27.52	999	0
净流入人员	小型企业	-0.17	0.58	0	-2
	中型企业	0.80	2.86	5	-3
	大型企业	92.54	442.76	1470	-525

4. 中东部地区对就业增长的贡献率较高

就业与资源分布和行政区划也有关系。东部地区的石油天然气蕴藏丰富，大型项目的建设几乎都在东部地区，例如沙特某能源公司的部分项目、中国某能源企业沙特分公司的部分项目，与之相匹配的是大部分的工人就业，包括企业相关管理人员、石油勘探技术人员、石油钻井工作人员等；中部是首都利雅得，在行政区划中，利雅得作为首都是每个公司必设办公地点的地区，便于与政府协调、办理相关手续、签署相关协议，且由于沙化比例的要求，在利雅得办公地点的员工基本上为沙特人，主要负责的工作也是与政府部门进行协调。

（二）就业环境与经济多样化

根据沙特阿拉伯国家第十个发展计划（2015—2019），政府正在寻求通过以下方式加强经济多样化，推动就业环境的不断优化，总体上来看，就业环境较为平和有利：

1. 纵向多样化

提高矿产资源利用率，使就业等相关活动多样化，鼓励扩大当地生产，加工和制造采矿原料，开展生产和服务活动，这些活动是与石油和天然气工业以及上游和下游有着紧密联系依赖石油和天然气的活动；可以带动能源产业的就业增加。

2. 横向多样化

扩大工业部门的生产能力，特别是在国家工业战略所涵盖的领域；发展服务部门并增加其对国内生产总值的贡献，同时适当重视金融，旅游，运输，工程，通信和信息技术（IT）服务；使非石油部门的经济活动多样化，同时适当强调高生产率和有前途的比较优势活动；投资与能源多样化有关的项目；发展非石油出口并增加其对出口总值的贡献；鼓励本地和外国战略伙伴关系实施有助于国民经济生产基础多样化的投资项目；开发低耗水农产品以及捕捞活动；促进第三产业的就业发展。

3. 空间多样化

利用各省的比较优势促进经济活动的空间多样化，同时扩大工业区和商业和技术孵化器的建设，以提高这些优势的利用率，同时也促进第三产业的就业发展。

（三）就业稳定性

1. 个体特征与非生产员工构成

在性别特征方面，比起女性，沙特社会对男性有更高的期望，这造成了男性比女性承担了更大的压力，因而更难对生活和事业产生满意感。并且由于多年来社会文化和传统观念的影响，女性容易受到歧视致使才能未得到充分发挥，女性较之男性更难得到满意的工作。

在人力资本方面，由于在沙特阿拉伯投资的大部分企业与能源相关，导致就业方向也多以生产性的工作为主。总体上企业中，非生产性的员工所占比例较少，员工个体特征偏向于生产性员工。

如表6-23所示，在调查的中资企业中，企业非生产员工构成情况。企业非生产员工占比最小值为0.00%，最大值为95.17%，表明受访者对问卷的回答有较大差别；从平均值来看，非生产员工中中国员工占比的均值比较大（52.13%），非生产员工中沙特员工占比的均值比较小（46.31%）；标准差一栏可以显示两个指标的标准差几乎相同，说明中资企业中非生产员工在这两个指标上的差异比较大，且程度相近。

表6－23　　　　　　　　　企业非生产员工构成

	均值（%）	标准差（%）	最大值（%）	最小值（%）
非生产员工占比	34.13	33.79	95.17	0.00
非生产员工中沙特员工占比	46.31	30.92	100.00	0.00
非生产员工中中国员工占比	52.13	30.32	100.00	0.00

2. 企业特征与就业稳定性

通过针对性的调查问卷，在与中国人员流动情况对比下，对影响沙特就业稳定性的因素进行分析。在问卷过程中，受访者中的非管理人员占据了大多数，达到总数的70.23%；管理人员相对较少，占比29.77%。

现阶段在沙特阿拉伯中资企业中，沙特员工流动情况如表6－24所示，不同规模的企业中，企业人员流动情况各不相同。其中新增雇佣人员的均值中，大型企业为73.62%，中型企业（2.60%）与小型企业（0.08%）比例各不相同；在辞职人员占比的均值中，大型企业为28.23%，中型企业（2.00%）与小型企业（0.17%）比例各不相同；在净流入人员的均值中，大型企业（45.38%）、中型企业（0.60%）、小型企业（－0.17%）各不相同。

表 6 - 24　　　　　　　　企业沙特人员流动情况

	企业规模类型	均值（%）	标准差（%）	最大值（%）	最小值（%）
新增雇佣人员	小型企业	0.08	0.28	1	0
	中型企业	2.60	3.71	9	0
	大型企业	73.62	157.98	500	0
辞职人员	小型企业	0.17	0.57	2	0
	中型企业	2.00	2.00	5	0
	大型企业	28.23	85.57	312	0
净流入人员	小型企业	- 0.17	0.58	0	- 2
	中型企业	0.60	2.51	4	- 3
	大型企业	45.38	129.93	475	0

现阶段在沙特阿拉伯中资企业中，中国员工流动情况如表 6 - 25所示，不同规模的企业中，企业人员流动情况各不相同。其中新增雇佣人员的均值中，大型企业为 54.31%，中型企业（0.20%）与小型企业（0.23%）比例几乎相同；在辞职人员占比的均值中，大型企业为 34.53%，中型企业（0.53%）与小型企业（0.83%）比例相近；在净流入人员的均值中，大型企业（19.77%）、中型企业（0.20%）、小型企业（0.00%）各不相同。

表 6 - 25　　　　　　　　企业中国人员流动情况

	企业规模类型	均值（%）	标准差（%）	最大值	最小值
新增雇佣人员	小型企业	0.23	0.60	2	0
	中型企业	0.20	0.45	1	0
	大型企业	54.31	110.89	400	0
辞职人员	小型企业	0.83	0.29	1	0
	中型企业	0.53	0.87	3	0
	大型企业	34.53	117.05	424	0

续表

	企业规模类型	均值（%）	标准差（%）	最大值	最小值
净流入人员	小型企业	0.00	0.00	0	0
	中型企业	0.20	0.45	1	0
	大型企业	19.77	148.42	397	-315

上述两张表格同时进行对比可知，沙特员工的就业稳定性与中国员工相比略低。企业本身的特征一定程度上也影响了雇员就业的稳定性。

3. 员工忠诚度

企业员工的忠诚度是指员工对于企业所表现出来的行为指向和心理归属，即员工对所服务的企业尽心竭力的奉献程度。忠诚度是员工行为忠诚与态度忠诚的有机统一。行为忠诚是态度忠诚的基础和前提，态度忠诚是行为忠诚的深化和延伸。

员工忠诚可分为主动忠诚和被动忠诚。前者是指员工主观上具有忠诚于企业的愿望，这种愿望往往是由于组织与员工目标的高度一致，组织帮助员工自我发展和自我实现等因素造成的。被动忠诚是指员工本身不愿意长期留在组织里，只是由于一些约束因素，如高工资、高福利、交通条件等，而不得不留在组织里，一旦这些条件消失，员工就可能不再对组织忠诚了。在沙特中资企业中，大多数员工的忠诚度较高，且对企业文化、企业信念有较强的认同感，在中资企业工作也具有自豪感。

在中资企业工作的人员当中，如表6-26所示，87.66%的员工作为企业中的一员有自豪感，从侧面反映出员工对企业的忠诚度也非常高。在进行调查问卷的过程中，有这样一个有趣的小插曲，我们在访问中石油管道工程局时，有部分员工在办公室接受访问，还有部分员工在野外工作，当我们结束办公室访问准备返回时，企业负责人告诉我们，在野外工作的那些员工听说我们正在访问，他们也要参加，正在返回企业的路上，让我们等一等他们。这种自豪感与认同感是发自员工内心的，属于主动忠诚。

表6-26 员工作为企业一员的自豪感

是否感到自豪	频数（个）	百分比（%）
感到自豪	270	87.66
不确定	30	9.74
未感到自豪	8	2.60
合计	308	100.00

图6-5中所示为员工在当前的中资企业中的工作时长分布，可知绝大多数员工在企业工作长达一年或一年以上，工作3年左右所占比例为15.86%，工作4年以上所占比例为28.48%，由此可以看出，近50%的员工都在中资企业内工作3年及以上的时间，员工对中资企业非常认同，对中资企业的忠诚度非常高。

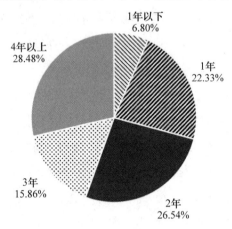

图6-5 员工在当前企业的工作时长分布

4. 就业转移

就业转移指的是在就业过程中是否继续原来工作或重新选择

新的职业的一种职业选择方式。在就业转移过程中主要存在两种形式，即主动型就业转移和被动型就业转移。中资企业在沙特阿拉伯地区的发展迅速，企业中员工主动型就业转移较少，员工就业意愿的强弱决定着就业安置政策的效果。由于可以在不同程度上享受住房、教育、医疗等方面的福利和其他企业所能够提供的服务，当面临其他工作机会时，较多数员工还是会选择留在本企业继续工作。

由表6－27可知，62.87％的员工在面临其他工作机会时，表示愿意留在本企业继续工作；27.69％的员工在这个问题上不太明确，存在犹豫；9.45％的员工明确表示不愿意留下，会继续寻找新的工作职业。说明大部分员工的需求可以得到满足，对现在的工作岗位比较满意，但也有少部分员工有追求更加完美的工作岗位以及相关福利的意愿。

表6－27　　　员工面对其他工作机会是否愿意留下继续工作

	频数（个）	百分比（％）
愿意留下	193	62.87
不确定	85	27.69
不愿意留下	29	9.45
合计	307	100.00

（四）就业满意度

调查沙特中资企业员工的就业满意度，有利于引导员工以及企业对自身进行合理的定位，将员工的就业期望值趋于合理化，不断培养与企业核心价值观相符合的人才，促进员工个人发展与企业发展同步。

1. 影响员工就业因素及分析

在调查就业满意度之前，我们首先了解在沙特阿拉伯区域内，中资企业员工认为影响其就业的重要因素，并对此进行分析。

（1）影响就业的因素。在众多影响就业的因素中，根据问卷统计，选取了影响力较高的因素如：高薪酬、高福利、良好的企业发展前景、完善的企业工作条件、合理的管理制度设定等因素。从表6-28可以看出：在员工认为最重要的就业影响因素中，高薪酬因素占比47.90%，近一半员工把薪酬作为就业选择的首要因素；第二具有影响的是良好的企业发展前景因素，占比22.01%；之后依次是完善的企业工作条件因素占比11.97%；合理的管理制度设定因素占比10.68%；高福利因素占比3.56%。由此可看出沙特员工仍属于传统型员工，对于薪酬的要求高于其他一切因素。

表6-28 员工认为最重要的就业影响因素

就业影响因素	频数（个）	百分比（%）
高薪酬	148	47.90
高福利	11	3.56
良好的企业发展前景	68	22.01
完善的企业工作条件	37	11.97
合理的管理制度设定	33	10.68
其他	12	3.88
合计	309	100.00

（2）影响就业的因素分析。随着全球化的不断推进，经济危机的爆发和各国之间政治经贸摩擦的加剧，使得就业难度增加，尤其是在东道国相关政策的影响下，在沙特影响就业的因素主要有以下几个方面：

第一，就业国别因素。

不同国家劳工在沙特就业时，存在国别差异；沙特政府对沙特籍和非沙特籍劳工存在不同的政策导向。

1995 年沙特大臣会议颁布的第一个综合性的沙特化法令①，被称为"50 号法令"（即"Decree50"），开始了沙特就业员工比例的"沙化步伐"；之后陆续出台的法令，开始逐渐要求企业雇佣沙特籍员工的比例、在管理岗位的沙特籍员工比例、在不同行业不同领域沙特籍员工的比例等等。2005 年，新《劳动法》以国王令的形式出台。2006 年，劳工部又细化制定《外籍劳工在沙特阿拉伯务工指南》，对非沙特籍员工限制更加严格：将外籍劳工的沙特籍担保人的年龄由 18 岁提高到 21 岁；大量削减无业外籍劳工在沙滞留；通过征收雇工税，提高对外籍劳工的雇用成本，私营企业雇用一个外籍熟练工，纳税率为熟练工月工资的 12%，雇工技能水平越低，纳税率则越高，直至 100%。

由于政府对非沙特籍劳工的数量控制，使得在沙特境内的中资企业中，就业员工在国别上有很大区分，大部分为中资企业固定的中国员工和沙特籍员工，此外还有埃及员工、印度员工、巴基斯坦员工等其他外国员工，但所占比例较小。

第二，就业能力因素。

员工能力与其所在职位有一定的匹配程度，不同条件下，沙特员工所受教育程度、知识结构、拥有的相关工作能力等各有不同，与在企业中的岗位分布也呈正相关关系。

如表 6 - 29 所示，现阶段在沙特阿拉伯的中资企业中，沙特员工占总体比例，可按岗位和接受教育的程度进行分类。企业不同岗位上，沙特员工占总体比例各不相同。其中一线员工或生产员工中占比的均值为 56.24%，是就业岗位的主体部分，在非生产员工中占比的均值为 13.48%，技术人员和设计人员中占比的均值为 5.39%，中高层管理员工占比的均值为 2.74%；按受教育

---

① Steffen Hertog, Princes, Brokers, and Bureaucrats: Oil and the State in Saudi Arabia, Cornell University Press, 2010.

程度来看，初等教育及以下的沙特员工中占比的均值为 22.77%，中等教育的沙特员工占比的均值为 35.51%，大学本科及以上的沙特员工占比的均值为 15.75%。

表6-29　　　　　　　不同条件下的沙特员工占总体的比例

	均值（%）	标准差（%）	最大值（%）	最小值（%）
沙特员工占比	86.27	20.17	100.00	3.33
中高层管理员工中的沙特员工占员工总人数的比例	2.74	3.82	15.00	0.00
技术人员和设计人员中的沙特员工占员工总人数的比例	5.39	13.99	72.73	0.00
非生产员工中的沙特员工占员工总人数的比例	13.48	20.76	94.00	0.00
一线员工或生产员工中的沙特员工占员工总人数的比例	56.24	39.07	99.10	0.00
初等教育及以下的沙特员工占员工总人数的比例	22.77	33.59	96.15	0.00
中等教育的沙特员工占员工总人数的比例	35.51	35.45	95.00	0.00
大学本科及以上的沙特员工占员工总人数的比例	15.75	23.55	86.36	0.00

第三，性别因素。

特殊之处在于性别比例上，鉴于沙特阿拉伯传统而浓重的伊斯兰色彩，对外国女性入境十分严苛，因而在中资企业中，阿拉伯籍女性员工占比达 100%。

第四，就业政策因素。

为了增加沙特国民和女性的就业，沙特政府实施了劳动力市场改革战略。改革旨在促使沙特国民积极就业，提高就业率。并要求或鼓励私营企业雇佣沙特人。Nitaqat 计划要求企业满足某些沙特化配额。该计划还为国民提供每月 3000 里亚尔的最低工资保障。据当局称，在其推出后的前六个月，私营部门的沙特人就业人数增加了 58%，第一年为沙特妇女创造了 103962 个新工作岗位。在女性就业方面，限制进入特定部门的规定得以放宽，更多的部门为其就业开放。目前正在讨论将私营部门工作周减少到 45 小时至 40 小时并限制零售店深夜开业的建议，这将有利于雇用女工。另外，促进沙特阿拉伯女性就业的其他举措还包括："零售业中的女性就业"倡议，要求仅贩卖女性产品的商店仅雇用女性员工。根据该计划，已经建立了培训中心，为妇女在零售业工作做好准备。这一举措导致 2013 年至 2014 年期间为私营部门的妇女创造了 160000 个额外工作岗位；开发了"远程工作"计划，通过允许私营部门员工远程工作，为其提供额外的灵活性。沙特政府表示，这对沙特妇女的就业产生了积极影响，因为它有助于解决诸如家庭和工作场所之间的交通，性别隔离的工作设施以及农村地区妇女与工作场所的距离等问题。根据这一举措，劳动部为使用远程办公的员工支付 50% 的工资，最高为每月 2000 里亚尔，为期两年。"安全运输"计划于 2016 年启动，为妇女在家庭和工作场所之间提供交通，帮助减少沙特女性就业的主要障碍。第一份由劳工部确认的受益人名单包括 1800 名沙特妇女。

2. 就业满意度

员工就业满意度与在企业内部的感知体验保持一致，同时也从侧面反映企业的用工状况，促进企业提升内部福利待遇，提升企业自身价值，使得员工感受到良好的工作环境，同时反作用于员工提升自身工作能力，增强工作的信心，增加就业满意度。图 6-6 显示了受访员工对所在企业福利待遇的满意度。其中，非常满意的占 36.88%，比较满意的占 47.18%，部分满意的占 11.30%，而仍有 4.65% 的受访员工表现出不满意及非常不满。从整体上看，沙特中资企业福利待遇实施情况较为良好，能获得大部分员工的认可。

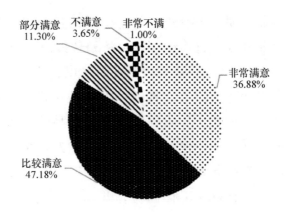

图6-6 沙特中资企业员工对福利待遇的满意情况

  沙特员工对薪酬的重视程度也体现在其建议方面。如表6-30所示，在认为本企业需要改进的地方中，薪资管理因素占比最高，达34.22%；对于个人发展而言，有近1/4的员工认为职工的职业发展和培训因素还是有待提升的，说明员工职业发展愿望较强，在个人提升上的需求大于公司所提供的相关培训；其他占比较高的方面分别是：工作环境因素占比20.27%、人事管理制度因素占比12.62%；公司文化因素占比3.99%。

表6-30   员工认为本企业需要改善的方面

需改善的方面	频数（个）	百分比（%）
薪资管理	103	34.22
工作环境	61	20.27
职工的职业发展和培训	75	24.92
公司文化	12	3.99
人事管理制度	38	12.62
其他	12	3.99
合计	301	100.00

  从上述图表中可以看出，员工对中资企业的各项福利、薪资、

制度、文化等的重视程度是不同的，对各项福利待遇的评价以及优先次序的具体情况如下。其中，员工对企业的薪资管理最为重视。在吸引员工就业的相关因素中，实现就业的员工认为高薪酬、良好的职业发展前景以及完善的企业工作条件较为重要。相对于这些条件，合理的管理制度设定、公司文化以及高福利的企业条件的重要性较低。员工没有将这两种条件作为重点要求，可能存在两方面原因：一方面，企业的管理制度经过多年发展已经趋于稳定和合适，提出可改进的空间有限；另一方面，虽然员工在不同用人单位所感受到的福利偏好存在一定的偏差，但总体上，沙特员工对于中资企业所提供的公司福利（比如员工食堂、员工宿舍、员工文体活动中心、为员工家属购买保险等福利）较为满意。

二　就业的结构现状

（一）就业的地区结构

在接受访问的总样本中，有 34.30% 的员工来自于农村地区，剩下 65.70% 的员工均来自于城市地区。伴随着城市的基础设施、基础教育的相对完善，大部分在中资企业就业的沙特员工出生于城市地区，如表 6-31 所示，年龄在 18—25 岁区间内的员工，有 77.14% 来自于城市，而 22.86% 来自于农村；年龄在 26—35 岁区间内的员工，有 62.50% 来自于城市，而 37.50% 来自于农村；年龄在 36 岁及以上的员工，有 68.29% 来自于城市，而 31.71% 来自于农村；通过分析各个年龄段的员工，就业人员还是以城市为主。

表 6-31　　　　　　　　按年龄组划分的员工出生地分布

出生地	18—25 岁（%）	26—35 岁（%）	36 岁及以上（%）
农村	22.86	37.50	31.71
城市	77.14	62.50	68.29

（二）就业的知识结构

在中资企业工作的沙特员工大多居于管理岗位，知识结构也大多分布在本科学历及以上，由于沙特政府对于沙特学生的教育支持，无论男女，政府都鼓励沙特学生出国学习并提供接近全额甚至全额的奖学金，不仅员工的学历较高，并且有的还具有欧美留学背景。

如表 6-32 所示，在接受访问的员工中，大多数（62.14%）男性员工具有本科及以上学历，且此比例与女性员工（63.33%）相差无几；有 35.00% 的男性员工具有中学学历，这种情况一般存在于沙特一线工人阶层，与女性（33.33%）比例相近；有很少的男性或女性员工是小学学历或未受过教育的情况。在沙特由于医疗教育的免费，一个家庭无须承担孩子的教育费用，故只要孩子愿意去上学读书，都会接受普遍的教育。一般这种政策性教育模式延续到大学。

表 6-32　　　　　　按性别划分的员工受教育程度分布

受教育程度	男（%）	女（%）
未受过教育	0.36	0.00
小学学历	2.50	3.33
中学学历	35.00	33.33
本科及以上	62.14	63.33

（三）就业的年龄结构

根据沙特社会保险局颁布的社会保险制度相关规定：公司职工在工作期间因任何事故引起的伤害、疾病、职业病等，都在工伤范围内。此规定适用于公司全部职员，不分性别、国籍、年龄等任何区别。在员工支取养老金方面，同样没有性别歧视，适用于全部劳动者，以此保障和鼓励女性员工的就业。

如图6-7所示，在中资企业用工状况中，青年劳动力仍为主力。在18—25岁年龄段，男性员工所占比例约为8.57%，女性员工所占比例约为36.67%；在26—35岁年龄段，男性员工所占比例（62.14%）与女性员工所占比例（63.33%）大致相同；在36岁年龄段以上，只有男性员工所占比例大约为29.29%。因为沙特在近3年来才开始提倡女性工作，有些办公大楼甚至在2018年时都不允许女性进入，所以在36岁年龄段以上，没有女性员工符合实际情况，且沙特女性在成家之后大多选择回归家庭，照顾家人，故放弃工作。

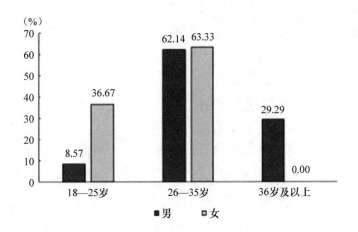

图6-7　按性别划分的员工年龄分布

（四）就业的人员结构

从就业的人员结构来看，根据表6-33数据显示，在调查的中资企业中，企业技术和设计人员的构成情况，技术人员和设计人员占比最小值为0，最大值为50.00%，表明受访者对问卷的回答有较大差别；从平均值来看，中国员工占比的均值比较大（64.90%），沙特员工占比的均值比较小（29.22%）；标准差一栏可以显示两个指标的标准差不尽相同，沙特员工占比的标准差为 29.34%，中国员工占比的标准差为 32.63%，说明中资企业技术和设计人员在这两个指标上的差异比较大，且技术人员和设计人员中中国员工差异程度更大一些。

表 6 - 33 　　　　　　企业技术人员和设计人员构成

	均值 （%）	标准差 （%）	最大值 （%）	最小值 （%）
技术人员和设计人员占比	9.11	12.33	50.00	0.00
技术人员和设计人员中沙特员工占比	29.22	29.34	100.00	0.00
技术人员和设计人员中中国员工占比	64.90	32.63	100.00	0.00

三　就业形势与前景

尽管发展计划的重点是多样化，但沙特阿拉伯王国的经济继续依赖石油生产，2014 年石油产量约占国内生产总值的 50%，占出口的 83% 和政府收入的 90%。在 2010—2014 年期间，由于高油价的推动，沙特的经济增长是二十国集团中最快的增长国之一，人均国内生产总值不断增加，超过 24000 美元。在此期间的大部分时间里，石油高收入导致财政盈余，公共债务总额下降至 GDP 的 1.6%，而外汇储备为 7320 亿美元，几乎相当于 GDP 或 3 年的进口。

高油价也造成了大量货物贸易和经常账户盈余，尽管服务贸易出现巨额逆差。然而，2014 年开始的石油价格下跌影响了经济和政府财政：2014 年底，出口值下降意味着经常账户盈余下降了 43%（与 2013 年相比），降至 770 亿美元，并在 2015 年第一季度出现赤字。

多年来，如历次发展计划所述，政府政策的重点是多元化和创造就业机会。根据第十个发展计划（2015—2019），政府正在寻求实现地理上的经济多元化，鼓励通过 Nitaqat 计划增加沙特国民的就业。该计划要求企业满足就业配额，采取一系列旨在提高女性参与劳动的举措。同时通过将采矿、石化、天然气和通信业等从不允许外国投资的部门名单中删除来改善投资环境。此外，2015 年 8 月，作为对投资的支持，沙特阿拉伯总投资局（SAGIA）发布了一份手册，列出了投资许可证的要求和费用，以及为不同类别的投资者提供的服务。所以，从总体看，上述政策均对于推动就业较为有利，就业前景总体向好。

参考文献

一　中文文献

阿齐:《沙特阿拉伯利用外资存在的问题与对策研究》,湖南大学
　　出版社 2016 年版。

哈全安:《中东国家的现代化历程》,人民出版社 2006 年版。

黄民兴:《沙特阿拉伯——一个产油国人力资源的发展》,西北大
　　学出版社 1998 年版。

黎友焕:《中国企业社会责任研究》,中山大学出版社 2014 年版。

李恒、朱方明、贺立龙:《中国企业的社会责任行为:理论与现
　　实》,经济科学出版社 2016 年版。

李新烽、练铭祥、钟宏武、孟瑾等:《中资企业非洲履行社会责
　　任报告》,中国社会科学出版社 2018 年版。

罗长海:《企业形象原理》,清华大学出版社 2003 年版。

[苏] 尼·伊·普罗申:《沙特阿拉伯:历史与经济概况》,人民
　　出版社 1973 年版。

王光远:《沙特与伊朗关系研究》,时事出版社 2018 年版。

严辉武:《CI 策划》,中南大学出版社 2002 年版。

杨言洪:《沙特商务环境》,对外经济贸易大学出版社 2016 年版。

一带一路沿线国家法律风险防范指引系列丛书编委会:《一带一

路沿线国家法律风险防范指引（沙特阿拉伯）》，经济科学出版社 2015 年版。

张德、吴剑平：《企业文化与 CI 策划》，清华大学出版社 2003 年版。

赵可金：《公共外交的理论与实践》，上海辞书出版社 2007 年版。

赵启正、雷蔚真：《中国公共外交发展报告》，社会科学文献出版社 2015 年版。

赵启正：《跨国经营公共外交十讲》，新世界出版社 2014 年版。

赵伟明：《中东问题与美国中东政策》，时事出版社 2006 年版。

钟洪武、叶柳红、张蕙著，肖玮琪、李思睿数据分析：《中资企业海外社会责任研究报告（2016—2017）》，社会科学文献出版社 2017 年版。

［德］库尔特·勒温：《拓扑心理学》，竺培梁译，浙江教育出版社 1997 年版。

［美］弗雷德里克·赫茨伯格：《赫茨伯格的双因素理论》，张湛译，中国人民大学出版社 2009 年版。

［美］赫伯特·西蒙：《管理行为》，詹正茂译，机械工业出版社 2007 年版。

［美］斯蒂芬·罗宾斯：《组织行为学》，孙建敏等译，中国人民大学出版社 2006 年版。

［英］波特·马金：《组织和心理契约》，王新超译，北京大学出版社 2001 年版。

程晨：《企业社会责任管理体系探讨》，《统计与决策》2013 年第 22 期。

程伟：《公益性国有企业的特征》，《经济参考》2012 年第 30 期。

陈沫：《沙特阿拉伯的经济调整与"一带一路"的推进》，《西亚非洲》2016 年第 2 期。

崔灿、李雪冬：《非洲中资企业社会责任问题刍议——以苏丹为例》，《经济纵横》2017 年第 2 期。

杜梅雅：《民营企业人力资源管理策略》，《经济论坛》2006 年第
　11 期。

丁隆：《沙以关系"轻舟已过万重山"?》，《世界知识》2018 年第
　20 期。

范鸿达：《从伊朗的历史兴衰看其主体民族和国家的发展特性》，
　《西亚非洲》2018 年第 1 期。

范鸿达：《中东强国的战略追求及发展环境探析》，《当代世界》
　2018 年第 2 期。

冯基华：《美国中东政策的战略支点——沙特》，《亚非纵横》
　2014 年第 3 期。

韩晓婷：《论沙特阿拉伯的劳工"沙特化"政策》，《西北大学学
　报》（哲学社会科学版）2013 年第 5 期。

韩晓婷：《沙特阿拉伯私营经济劳工"沙特化"政策探析》，《西
　亚非洲》2013 年第 6 期。

蒋传瑛：《中东剧变对变革中阿拉伯国家经济的影响》，《阿拉伯
　世界研究》2012 年第 6 期。

姜秀华：《刍议企业人力资源规划》，《内江科技》2008 年第
　6 期。

李秉忠、涂斌：《埃尔多安时代土耳其外交的转型及其限度》，
　《西亚非洲》2018 年第 2 期。

李福泉：《中东什叶派"新月"的形成及其影响》，《宁夏社会科
　学》2011 年第 1 期。

李亚男：《转向的土耳其：雄心与困境》，《现代国际关系》2017
　年第 7 期。

李晓莉：《"一带一路"背景下中国在沙特阿拉伯的投资推进》，
　《江苏商论》2017 年第 12 期。

李岚：《浅论跨国企业公共外交与企业社会责任实践活动的有机

统一》，《国际市场》2012 年第 3 期。

刘文勇：《中石化企业集团在沙特人力资源管理存在问题与对策探讨》，《现代经济信息》2015 年第 6 期。

刘中民、赵跃晨：《"博弈"穆兄会与中东地区的国际关系走势》，《外交评论》2018 年第 5 期。

梁英明、马秀卿：《石油与沙特阿拉伯经济》，《世界经济》1979年第 10 期。

马晓霖：《"萨勒曼新政"与沙特内政外交走向》，《西亚非洲》2018 年第 2 期。

牛新春：《中东北非动荡凸显美国对中东政策的内在矛盾》，《现代国际关系》2011 年第 3 期。

裘元伦：《论欧美中东政策异同及其世界观根源》，《现代国际关系》2002 年第 12 期。

覃艳华：《论知识型企业岗位与薪酬结构的设计创新》，《科技与管理》2003 年第 6 期。

佘纲正：《从秘密合作到公开对抗——也门与以色列关系演变》，《世界知识》2015 年第 24 期。

汤瑞芝：《沙特阿拉伯介入叙利亚危机政策探析》，《国际研究参考》2016 年第 4 期。

田文林：《伊朗对外行为的战略文化分析》，《阿拉伯世界研究》2016 年第 4 期。

汪波、穆春唤：《叙利亚库尔德人内战前后的政治发展》，《阿拉伯世界研究》2018 年第 2 期。

王猛、王丽君：《沙特阿拉伯的"王储新政"透视》，《西北大学学报》（哲学社会科学版）2018 年第 4 期。

王锁劳：《美国中东战略的动摇及其后果》，《现代国际关系》2011 年第 3 期。

王新刚：《国际政治中的海湾石油因素》，《中国石油报》2003 年第 2 期。

吴冰冰：《试析沙特阿拉伯的对外战略》，《中国国际战略评论》
　2011 年第 4 期。

谢凌玲：《人力资源规划中的常见问题及解决途径》，《企业改革
　与管理》2007 年第 7 期。

夏先良：《放宽外资准入调整石油业态结构》，《国际贸易》2009
　年第 8 期。

严天钦：《"土耳其化政策"与土耳其的民族认同危机》，《世界
　民族》2018 年第 2 期。

雨思：《沙特人口、劳力结构和就业状况》，《阿拉伯世界》2004
　年第 2 期。

袁声莉：《员工满意度实证研究》，《技术经济与管理研究》2002
　年第 3 期。

赵青海：《伊朗的光荣与梦想》，《世界知识》2006 年第 5 期。

张车伟、赵文：《我国收入分配格局新变化及其对策思考》，《北
　京工业大学学报》（社会科学版）2018 年第 5 期。

张洪瑞：《中国国家形象全球调查报告 2015》，《中国报道》2016
　年第 10 期。

张珂：《公共外交中的媒体运作——美国的经验借鉴》，《青年与
　社会》2013 年第 7 期。

朱泉钢：《地缘政治视角下也门危机僵局及其出路》，《当代世界》
　2018 年第 4 期。

吴芳芳：《国有中资企业在海外经营中的社会责任问题研究》，博
　士学位论文，北京大学，2013 年。

吴喜雁：《弹性薪酬制度影响员工工作表现实证研究》，《商业研
　究》2011 年第 7 期。

朱建中：《企业形象及其创新探究》，博士学位论文，东北大学，
　2006 年。

周进：《中国企业公共外交与国家形象塑造研究》，硕士学位论文，华中师范大学，2017年。

《"一带一路"沿线国家税收征管竞争力比较》，2017年4月19日，中国税务网（http：//www. ctax. org. cn/xsjl/201704/t20170419_1056762. shtml）。

《肥水不流外人田 保守沙特大兴娱乐改革让年轻人回国消费》，2018年02月23日，界面网（https：//www. jiemian. com/article/1951786. html）。

《服务"一带一路"，看中国石化在沙特的可持续发展实践!》，《国资小新》2019年8月16日，http：//stock. 10jqka. com. cn/20190816/c613339862. shtml。

《伊拉克库尔德人抗击土耳其出兵叙利亚》，《新华社》2018年1月20日，http：//www. xinhuanet. com/mil/2018 – 01/20/c_ 129795236. htm。

《沙特阿拉伯概况》，2012年1月13日，中国网（http：//www. china. com. cn/international/txt/2012 – 01/13/content_ 24400471. htm）。

《沙特斥640亿美元改造文娱业保守王国走向开放》，2018年02月23日，财新网（http：//international. caixin. com/2018 – 02 – 23/101213124. html）。

《特朗普宣布退出伊核协议》，《凤凰资讯》2018年5月9日，http：//wemedia. ifeng. com/59880550/wemedia. shtml。

《习近平：加快推进丝绸之路经济带和21世纪海上丝绸之路建设》，2014年11月6日，新华网（http：//www. xinhuanet. com/politics/2014 –11/06/c_ 1113146840. htm）。

马晓霖：《特朗普中东外交"向钱看"》，《北京青年报》2017年6月17日，http：//www. sohu. com/a/149559195_ 148781。

王琳琳：《沙特阿拉伯押宝可再生能源》，2013年8月，人民网

（http：//www. eedu. org. cn/news/resource/energysources/201308/
87661. html）。

吴彦：《沙特经济改革进入攻坚期》，《21 世纪经济报道》2018 年 1
月 6 日，http：//www. 21jingji. com/2018/1 – 6/1NMDEzNzlfMTQy
MzA1 Nw. html。

张淼：《沙特启动史上最具野心的改革：将摆脱石油依赖，组建全球
最大上市公司》，《端媒新闻》2016 年 4 月 26 日，https：//theiniti-
um. com/article/20160426 – dailynews-Saudi-Arabia/。

《沙特 2011 年经济表现及 2012 年经济展望》，中国驻沙特阿拉伯
王国大使馆经济商务参赞处（http：//sa. mofcom. gov. cn/arti-
cle/ztdy/201202/20120207963542. shtml）。

《沙特阿拉伯国家概况》，中华人民共和国驻沙特阿拉伯王国大使
馆经济商务参赞处（http：//sa. mofcom. gov. cn/article/ddgk/
201905/20190502868505. shtml）。

《伊朗国家概况》，中华人民共和国外交部（https：//www. fm-
prc. gov. cn/web/gjhdq_ 676201/gj_ 676203/yz_ 676205/1206_
677172/1206x0_ 677174/）。

《对外投资合作国别（地区）指南：沙特阿拉伯》（2018 年版），
中国商务部网站（http：//www. mofcom. gov. cn/dl/gbdqzn/up-
load/shatealabo. pdf）。

《履行企业社会责任铸就精品电力项目——沙特拉比格独立电厂
2×660MW 机组工程》，中国对外承包工程商会（http：//
www. chinca. org/hdhm/news_ detail_ 3395. html）。

《民银智库国别报告之十八》，民银智库（http：//mini. east-
day. com/bdmip/180329201114316. html）。

《企业简介》，山东电力建设第三工程有限公司（http：//www.
sepco3. com/cn/about. aspx）。

《企业文化》，中国石化集团（http：//www. sinopecgroup. com/

group）。

《沙特 7 月外汇储备环比下降 0.5% 降幅趋缓》，中华人民共和国商务部（http：//www. mofcom. gov. cn/article/i/jyjl/k/201508/20150801095581. shtml？agt = 15438）。

《沙特"未来投资倡议"大会在利雅得召开》，2018 年 12 月 28 日，中华人民共和国商务部（http：//www. mofcom. gov. cn/article/i/jyjl/k/201710/201 71002658022. shtml）。

《沙特阿拉伯概况》，中国交通地图网（http：//www. tjjjw. org/world/shatealabo. html）。

《沙特阿拉伯国家概况》，2019 年 12 月，中华人民共和国外交部（https：//www. fmprc. gov. cn/web/gjhdq_ 676201/gj_ 676203/yz_ 676205/1206_ 676860/1206x0_ 676862/）。

《沙特劳工制度与重点法规》，2014 年 1 月 12 日，中国驻沙特阿拉伯经商参处（http：//www. mofcom. gov. cn/article/i/jyjl/k/201401/20140100457526. shtml）。

《沙特文体娱乐产业的"富矿"——沙特产业系列调研之七》，中华人民共和国商务部（http：//tzswj. mofcom. gov. cn/article/i/dxfw/gzzd/201808/20180802778228. shtml）。

《协会介绍》，沙特阿拉伯中资企业协会、沙特阿拉伯中资企业联络办公室（http：//www. saudi-cocc. net/about/cocc/）。

《中国石化创国内企业第一次！在沙特首发社会责任报告引关注》，中国石化集团（http：//oil. in-en. com/html/oil - 2877496. shtml）。

陈小茹：《内外夹击之下，土耳其将往何处去》，《中国青年报》2018 年 8 月 15 日。

朱泉钢：《沙特与土耳其抱团的背后》，《中国国防报》2016 年 2 月 19 日第 23 版。

二　外文文献

Alterman, J. B. & Garver, J. W. , *The Vital Triangle*：*China, the U-nited States, and the Middle East*, 2008, Washington, DC：Center for Strategic and International Studies, 2008.

John Nugee & Paola Subacchi, *The Gulf Region*：*A new Hub of Global Financial Power*, Journal of London：Chatham House, 2008.

Johnson, A, "The Effects of FDI Inflows on Host Country Economic Growth", *CESIS Working Paper Series*, *Royal Institute of Technology*, May 2006.

Zugui, G. , *Development of China's Relations with the Middle East in the Context of Profound Changes*, Stockholm：Stockholm International Peace Research Institute, 2014.

Концепция внешней политики российской федерации, дипл ома тическое коммюнике, специальное издание, январь 1993г.

Московский государственный институт международных отно шений,：внешняя политика российской федерации, 1992 - 1999, 2000г. .

David B. Roberts, "The Gulf Monarchies Armed Forces at the Cross-roads", *Focus Strategy*, No. 80, May 2018.

Hilal Khashan, "Saudi Arabia's Flawed 'Vision 2030'", *Middle East Quarterly*, Winter 2017.

Majed Alamri, "Higher Education in Saudi Arabia," *Journal of Higher Education Theory and Practice*, Vol. 11, No. 4, 2011.

Philippa Wilkinson, "Saudi Arabia Scales Back on Renewable", *Journal of Middle East Economic Digest*, March 2015.

Energy Information Administration (EIA), *Annual Energy Outlook* 2000, 1999, Washington D. C. ： United States Government Printing Office (USGPO), 1999.

Peter North and Harvey Tripp, *Culture Shock! A Survival Guide to Customs and Etiquette Saudi Arabia Tarrytown*, 2009, New York: Marshall Cavendish Corporation, 2009.

Quantec, EIU, Country Risk Service: Saudi Arabia, December 2015.

"2018 Investment Climate Statements: Saudi Arabia", US Department state, https: //www. state. gov/reports/2018 – investment-climate-statements/saudi-arabia/.

BP Energy Outlook 2035, Energy Outlook, http: //www. bp. com/content/dam/bp/pdf/Energy-economics/energy-outlook – 2015/Energy_ Outlook_ 2035_ booklet. pdf.

Country Analysis Report: Saudi Arabia, Marketline, http: //www. alacrastore. com/research/marketline-country-profiles-2126.

Ministry of Higher Education of Saudi Arabia Kingdom of Humanity, http: //www. mohe. gov. sa/en/studyubsude/aboutKSA/ pages.

Natiional Security Strategy of the United States of America, The White House, https: . //www. whtehouse. gov/wp-content/uploads/2017/12/NSS-Final – 12 – 18 – 2017 – 0905. pdf.

The Council of Economic Affairs and Development, "Vision 2030", https: //vision2030. gov. sa/sites/default/files/report/Saudi _ Vision2030_ EN_ 2017. pdf.

"Countries and Regions: Gulf Region", European Commission, https: //ec. europa. eu/trade/policy/countries-and-regions/regions/gulf-region/.

"Country report: Saudi Arabia", The Economist Intelligence Unit, http: //country. eiu. com/saudi-arabia.

"Educational and training services resources guide-Saudia Arabia", the U. S. Department of Commerce, https: //www. export. gov/article?

id = Educational-and-Training-Services-Saudi-Arabia.

"Saudi Arabia's Version 2030", Saudi Arabia Government, http：// vision 2030. gov. sa/en.

"Service Manual", Saudi Arabian General Investment Authority, https：//sagia. gov. sa/media/1056/sagia-investment-manual-english-new − 03. pdf.

"Mohammed bin Salman is bringing Silicon Valley-style disruption to Saudi Arabia", CNBC, March 7, 2018.

"Political Crisis in Saudi Arabia：Survival is the Saudi Key Word", *Global Research*, April, 2014.

"Saudi Arabia's Mohammed Bin Salman Meets Putin in Moscow", *the Nation*, May 30, 2017.

"The Myth of Saudi Power", *The National Interest*, April 11, 2016.

"Trump Seeks to Revive 'Arab NATO'to Confront Iran", *Reuters*, July 28, 2018.

"Will US-Saudi 'Special Relationship'Last?", *Al-Monitor*, April 8, 2016.

"Yemen Strikes Saudi Positions with Missiles", *Irna*, November 27, 2018.

"Yemeni Official：the Aggressor's Invasion is Doomed to Failure", *Irna*, November 3, 2018.

Economy Profile of Saudi Arabia, Doing Business 2019 Indicators, World Bank Group, 2019.

Ken Miyajima, An Empirical Investigation of Oil-Macro-Financial Linkages in Saudi Arabia, IMF Working Paper, February, 2016.

Saudi Arabia, "The World Factbook", Central Intelligence Agency, https：//www. cia. gov/library/publications/the-world-factbook/ geos/sa. html.

Wagner, D. & Karasik, T. , "The Maturing Saudi-Chinese Alliance",
INEGMA, (2014), http: //www. inegma. com/? navigation = re-
ports.

Xinchun, N. , "China's Interests in and Influence over the Middle East
(Trans. X. Haibing)", Contemporary International Relations, (2014),
http: //www. cnki. com. cn/Article/CJFDTotal-XDGJ201401004. htm.

British Petroleum, *Statistical Review of World Energy 2012*, London:
BP, June 2012.

后　　记

　　沙特阿拉伯不仅是"一带一路"沿线的最为重要的国度之一，而且还是丝绸之路重要的交汇之处，其特殊的地缘区位、油气资源禀赋和在伊斯兰世界中的核心地位，是中东地区最具影响的大国，影响力辐射整个西亚北非和整个阿拉伯世界。

　　2008 年，中国与沙特阿拉伯建立战略性友好关系以来，中沙关系实现了跨越式发展，各领域务实合作达到前所未有的广度和深度，沙特已成为中国在全球的第一大原油供应国和西亚非洲地区的第一大贸易伙伴，同时中国也成为沙特的第一大贸易伙伴。近年来，随着沙特"2030 愿景"的提出，沙特当地的投资环境不断改善，越来越多的中国企业走进沙特，在基础设施建设、石油开采与炼化、金融、劳务等领域与当地政府和企业开展合作。然而，受到文化差异及行业竞争的影响，中国企业在沙特的投资和经营仍然面临很多困难和挑战。因此，深入实地了解中国在沙特投资企业的营商环境及经营状况，不仅有助于为计划"走进沙特"的企业提供决策参考，同时也为我国政府制定海外营商投资策略提供依据。

　　由于沙特阿拉伯特殊的地缘政治形势和民族宗教文化特点，以及当地中资企业数量有限、地域分散等因素的影响，过去鲜有国内学术研究机构对沙特阿拉伯中资企业开展较为深入的实地调研。为此，作为此次沙特阿拉伯调研课题的负责人，我深感任重而道远。经过前期近一年的协调联系与各项准备，研究团队一行13人于2019年4月抵达沙特阿拉伯开展调研。面对沙特阿拉伯独具特色的民族宗教文化和调研期间特殊的地区局势，全体成员克服高温酷暑、沙尘漫天等不良天候的影响，经过20天的不懈努力，从沙漠腹地的利雅得、红海之滨的吉达、延布到波斯湾畔的达曼，足迹横跨沙特全境，总行程近2万公里，圆满完成了39份企业问卷和311份员工问卷的采集任务。

本调查报告由朱雄关、谭立力负责全书的统稿和撰写，由王涛、尤荻、姜铖镭负责全书审校，第一章主要由夏艾米伦、罗安迪撰写，第二、三章主要由骆月明、张辰撰写，第四章主要由张艳屏、徐淑雨撰写，第五章主要由马滔、王艳撰写，第六章主要由马海燕、李淑思撰写。

在调查报告付梓之际，回顾调研历程，我们能够圆满完成此次任务有太多的感谢和感动。这里尤其要感谢沙特阿拉伯知识与交流研究中心（Center for Research & Intercommunication Knowledge）、叶海亚（Yahya Mahmoud Bin Junaid）主任，中国驻沙特阿拉伯大使馆、经济商务参赞处赵刘庆参赞，沙特阿拉伯中资企业协会、华人商会，云南省商务厅，以及沙特中资企业给予的鼎力支持与协助。同时，还要感谢北京第二外国语学院中东学院侯宇翔院长，北京外国语大学李世峻博士，中国石化驻沙特阿拉伯代表处马春威经理等在协调联系等方面给予的关心与帮助。由于篇幅，很多关心过、帮助过我们的机构和友人在此没能一一列出，但我们将铭记于心。

通过初次的调研，我们虽然对沙特阿拉伯的社会环境和营商环境有了初步的认识，但限于理论视野和知识积累，报告中难免有疏漏不妥之处，还请各位专家和读者不吝赐教指正。

朱雄关

2020 年 3 月于东陆园